广东省中小学"百千万人才培养工程"
初中理科名教师培养项目丛书

丛书总主编：于　慧　李晓娟

玩以致用：
初中物理教与学的游戏化设计

邱慎明　著

暨南大学出版社
JINAN UNIVERSITY PRESS

中国·广州

图书在版编目（CIP）数据

玩以致用：初中物理教与学的游戏化设计/邱慎明著 . —广州：暨南大学出版社，2024.6
（广东省中小学"百千万人才培养工程"初中理科名教师培养项目丛书/于慧，李晓娟总主编）
ISBN 978 - 7 - 5668 - 3922 - 0

I. ①玩… Ⅱ. ①邱… Ⅲ. ①中学物理课—教学研究—初中 Ⅳ. ①G633.72

中国国家版本馆 CIP 数据核字（2023）第 097969 号

玩以致用：初中物理教与学的游戏化设计
WANYIZHIYONG：CHUZHONG WULI JIAO YU XUE DE YOUXIHUA SHEJI
著　者：邱慎明

出 版 人：阳　翼
统　　筹：黄　球　潘江曼
责任编辑：康　蕊
责任校对：刘舜怡　许碧雅
责任印制：周一丹　郑玉婷

出版发行：暨南大学出版社（511434）
电　　话：总编室（8620）31105261
　　　　　营销部（8620）37331682　37331689
传　　真：（8620）31105289（办公室）　37331684（营销部）
网　　址：http：//www.jnupress.com
排　　版：广州良弓广告有限公司
印　　刷：广州市金骏彩色印务有限公司
开　　本：787mm×1092mm　1/16
印　　张：9
字　　数：190 千
版　　次：2024 年 6 月第 1 版
印　　次：2024 年 6 月第 1 次
定　　价：39.80 元

（暨大版图书如有印装质量问题，请与出版社总编室联系调换）

前　言

2021 年 7 月 24 日，中共中央办公厅、国务院办公厅印发《关于进一步减轻义务教育阶段学生作业负担和校外培训负担的意见》，要求各地各学校切实提升学校育人水平，持续规范校外培训（包括线上培训和线下培训），有效减轻义务教育阶段学生过重作业负担和校外培训负担（以下简称"双减"），释放了营造良好教育生态的有力信号。此后，各地陆续出台了督导措施，对于规范校内外教育生态、减轻学生学业负担，起到了良好作用。

然而"双减"政策实施以来，笔者所在的学校出现了一个令人担忧的现象：学困生比例逐渐提高，学习成绩持续下降，似乎有不可逆的趋势。以 2021 学年期中测试为例，数据如表 1 所示（学生等级采取常模参照评价，参考样本为整个街道的同年级所有学生）：

表 1　笔者所在学校学生 2021 学年期中测试成绩

	平均分	30 分以下比例	C 等次比例
本次抽测（2021 – 11 – 08）	50.9	21%	21%
去年同期（2020 – 11 – 09）	67.6	7%	17%

虽然每次测试的难度不一样，但是学困生比例的增长确是不争的事实。物理学科相对来说难度较大，两极分化现象比较明显。"双减"政策落地之后，学校在学困生转化方面所做的工作比较有限，使得问题逐渐严重。

学习动机不足是一个重要的原因。从表面来看，作为"双减"政策配套的措施之一的课后服务，把学校教育做成一个闭环，学生可以在学校获得适性的教育服务。但事实上，大多数学校受限于师资和条件，往往都把课后服务变成了在学校做作业，从而延长了学生在学校学习的时间。这在某种程度上进一步影响了学生的"学习体验"，从而消磨了学生的学习动机。

学习反馈模糊是另一个重要原因。根据通知要求，学校不能开展除期中考、期末考之外的考试，教师不能开展单元测试。教育主管部门为了规避政策风险，进一步对测试结果的使用进行了约束。受限于能力和条件，教师很难开展有效的学习评价，也就无法对学生的学习进行诊断和指导，导致问题无法得到解决。

有针对性的学生辅导难以开展，使学生陷入习得性无助的状态，从而成为学困生。学校提供清晨、中午和下午的课后服务后，教师值班工作陡然增加，教师分身乏术，开展个别辅导的时间很少，其有效性、系统性不足，使学困生问题愈加严重。笔者所在学校处于珠三角的城乡接合部，学生超过一半都是外来务工人员随迁子女，父母晚上和周末加班是常态，课外学科辅导停止之后，学生居家独处期间容易受电子产品的吸引，从而加剧了问题的严重性。

任何一个学生群体都不可能完全同步发展，因此学生的差异是天然存在的。多数情况下这种差异是一个发展的先后问题，但对于部分学生来说，这种差异是成就动机、智力水平、学习能力的差异，这种差异导致学生最后的学业成就存在较大的差别。无论是哪一种差异，如果影响了学生的升学，都会对他的未来发展带来巨大甚至是不可逆的影响。这是我们转化学困生的动因。

想要缓解学困生问题，需要多管齐下。从学科教学的角度来说，当务之急是要改善学困生的学习体验，使其获得在元认知和学科问题上的帮助。笔者的思路是将游戏化教学的因素引入教学中，系统性地克服学困生问题。

学生差异的客观存在和班级授课制的现实，使得学困生的转化一直是初中教育研究的热点，虽然已有不少研究成果，但多数需要因人施策，在学困生占比较高的农村学校，教师往往很难实施。另外，教学游戏化多见于体育（教学活动游戏化）、信息技术（教育游戏化软件在教学上的辅助应用），在初中物理学科应用较少，应用于学困生的转化则基本处于空白状态。若能将整个教与学过程进行游戏化设计，从学习使命、游戏关卡、学生团战、评价反馈等各个方面进行游戏化尝试，从而改善学困生的学习体验，将为学困生的转化提供一个新的着力点，这是一项很有意义的研究。

有教无类、因材施教，让所有学生获得适切的教育和长足的发展，这是所有教师的教育信念。因此，学困生的转化意义巨大，这也是教师不惜花费大量时间精力去帮扶学困生的原因。然而当学困生人数较多、"双减"政策对课后辅导进行管控之后，原有的转化手段有些不再有效。这是初中物理教师的一大痛点。将游戏化教学引入学困生转化工作中，用游戏化学习活动来改善学困生的学习体验，建立学习愿景，可以提高学困生的学习动机，形成强烈的学习愿望，并在同伴合作的过程中，掌握元认知策略，提高学业基础，促进其不断进步，摆脱学困生的困境，提高学困生的转化效率和效果，形成持续学习提高的能力，这是可以预见的。

令人欣喜的是，短短一两年下来，笔者所在学校学困生就出现了非常大的变化，学习积极性提高，学习能力变强，2023 年中考物理学困生（C 等次）降低到14%，低于全市平均水平6%，平均分则高于全市平均水平3 分以上。事实上，虽然笔者的出发点是提高学困生成绩，但实际上几乎全部学生都在原有基础上有了明显的进步，这是游戏化教学的魅力。

正值广东省中小学"百千万人才培养工程"初中理科名教师培养项目丛书出版，笔者就想把以前想过、做过的事情梳理一下，于是就有了这本书。由于笔者水平有限，错漏之处难免，但总算是对前一阶段工作的一个总结吧，若能够抛砖引玉，那就更是意外之喜了。

邱慎明

2024 年 4 月于中山

目 录
CONTENTS

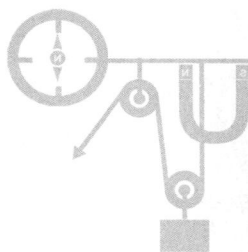

第一章 玩以致用的前传：关于物理学习的那些事

一、"压力山大"与"咸鱼"

物理好玩吗？当然好玩。但你要问每个学生是否感兴趣，那就未必了。Z市全市中学八年级物理期末考试平均分是 50～60 分，意味着有 50% 左右的学生达不到及格的标准，其中有相当一部分的学生成绩低于 30 分。他们会喜欢物理吗？

我们看一个学生写的文字：

最初接触物理时，我满心欢喜。毕竟，能够探索物质世界、揭示自然规律的学科，是多么有趣啊！然而，很快我就尝到了物理的"厉害"。力学、光学、电学、热学等领域的知识，不仅要求我们拥有扎实的基础知识，还要求我们能够灵活运用这些知识，解决实际问题。每当遇到难题，我总是不知所措，心情如同暴风雨来临前的宁静。

公式记不住，计算超级难。我也不记得总共有多少个公式，还有多少条定理，反正光符号就一大堆。我试图克服，但最后不得不向物理"低头"，放弃那些复杂的公式和理论。从失败走向更失败，这种滋味真的不好受，还是算了吧，天分这东西，勉强不来。

长期压力巨大，感受不到成就感，往往就会走向另一个极端，陷入习得性无助的境地，即人们所说的"躺平"，做一条"咸鱼"。

学习物理的时候，有些学生真的会感到很无助。在上物理课的时候，他们可能会坐立不安，或者心不在焉，听着听着就不想听了。然后一做作业，他们就会觉得："太难了，我真的不会啊。"问他们为什么不会做，他们就会说："老师，这个题目我真的看不懂。"考试的时候，他们会随便选一个答案，或者直接放弃答题。考试结果出来后，只有十几分，实在是太惨了。但是考得不好又怎样呢？这些学生已经自我放弃了，觉得自己无论如何也是学不好物理的。

有些学生一看到物理就会有点恐惧，甚至有的学生听到"物理"这两个字就会说："老师，我不会。"这些学生可能是因为经历了太多失败，所以就觉得自己学不好物理。但是他们并不是真的学不好，只是因为失败的次数多了，他们就觉得自己没有能力学好。

这些学生往往没有信心面对困难，遇到难题就直接放弃。他们可能一开始只是觉得物理有点难，然后越来越没信心，最后甚至会彻底放弃学习物理。

从这些年中考阅卷的经历来看，计算题、阅读题经常变成"灾难现场"。其实中考计算题相对是比较简单的，但对于陷入习得性无助的学生来说，他们对自己已经完全失去了信心，于是连思考也懒得思考、动笔也懒得动笔了，将近15%的计算题答题区域都是空白。至于阅读题，因为文字比较多，部分学生看都不想看，直接就选择放弃了。

导致学生习得性无助的原因多种多样，包括但不限于学习环境的不佳、学习资源的匮乏、教学方法的失当、自我认知的不足等。然而，无论原因有多少，我们都不能忽视教与学过程的低效性和机械性在其中的消极作用。

教与学过程的低效性主要表现在教学效率低下、教学效果不明显，这与教师的教学方法、教学策略以及学生的学习能力、学习动力都有关。在教学过程中，如果教师没有根据学生的实际情况和需求来制定合适的教学计划与策略，就可能导致学生的学习积极性受挫，产生厌学情绪，进而引发习得性无助的现象。

教与学过程的机械性也是导致学生习得性无助的重要因素。机械性的教与学主要表现在教师和学生缺乏互动与沟通，教学方法死板，缺乏创新和灵活性。如果教师只是按照既定的教学程序进行教学，而不关注学生的反应和学习进展，就有可能使学生失去学习的兴趣和动力，进而产生习得性无助的心理状态。

因此，为了预防和解决学生习得性无助的问题，我们需要重视教与学过程的低效性和机械性问题，并采取积极的措施来改进教学方法、提高教学效率、增强学生的学习动力和自信心。同时，我们也需要关注学生的心理健康和成长需求，提供必要的心理辅导和支持，帮助学生克服心理障碍，增强其自我认知和自我效能感。

二、"双减"与"双增"

2021年7月，"双减"政策正式落地，这是基础教育一件影响深远的大事。"双减"政策减轻了学生的作业负担。政策要求学校加强作业管理，推行课后服务，为学生提供更加优质的教育服务。这使得学生有更多的时间用于运动、阅读、艺术等活动，也有更多的时间用于发展自己的兴趣爱好和特长。"双减"政策减轻了学生的校外培训负担。政策要求严格管理校外培训机构，规范校外培训市场。这使得学生有更多的时间用于家庭教育、社会实践、自我提升等方面，也有更多的时间用于探索自己的职业规划和人生目标。"双减"政策的实施有助于促进学生全面发展和健康成长。学生有更多的时间和精力用于全面发展，可以更好地发掘自己的潜力，培养自己的创新能力和实践能力。同时，减轻学生的负担也可以让学生更加快乐地成长，更加自信地面对未来的挑战。因此，与"双减"相伴的，还有"双增"，即增加学生参与体育、艺术、户外运动和劳动的机会，把减下来的时间用来增加学生在体育、美术、音乐等艺体类活动上的时间；增加学生参与体育、音乐、美术课外培训的时间和机会，鼓励音体美机构办学，鼓励学生参加体育、美育培训。

与之相伴的课后服务的实施，则是落实"双减"政策的撒手锏。学生在校内参加课后服务到18：00，开展晚自习的学校则进一步延迟到20：30放学。学生在校时间大大延长，虽然减轻了学生校外培训的负担，让学生在校内完成作业，但是也出现了另外一个问题，那就是学习场景和学习活动的单一。有条件的学校固然可以开展丰富多彩的素质拓展活动，但是对于绝大多数学校来说，限于教育资源、办学条件和师资队伍等原因，很难开展有效的素质拓展活动，结果就变成了清一色、一刀切的基本托管，也就是自习和做作业。

对于物理学科来说，学生每天晚上自习到20：30才放学回家，课后实验、实践性的家庭作业、动手小制作、线上作业等学习活动就很难开展了。学校场景单一，也很难涵盖所有的教育需求，课外学习资源全部由教师来准备也不现实，结果就变成了由文本到文本的学习，书面作业、完成试卷，成了学生在校学习的主要方式，对于提高学生的学习动机来说，是极为不利的。

因此，在实际开展的过程中，学生面临着另一个"双减"，即减少学习场景的丰富性和学习方式的丰富性，同时又多了另一个"双增"，即增加学习时长和书面答题。

在某市 2022 年 12 月开展的一项面向初中学生的物理作业问卷调查中，反映教师布置最多的是书面作业，有 99% 的教师经常布置书面作业，而经常布置课外实验、课外制作的教师都不足 30%。其中，6% 的教师表示经常布置背诵与默写作业。作为"双减"落地后的一大特色，预习性作业受到重视，51% 的教师表示他们经常布置这一类的作业。学生问卷调查的结果与教师基本一致，但表示经常要做背诵与默写作业的学生高达 29%，远远高于教师的6%，可见教师布置的书面作业中，相当一部分的思维含量不足，仅需要背诵或默写就可以完成。这就反映出前面所说的问题，即学生学习场景和学习活动的单一性，这对于物理学科来说，并不是一个好现象。

三、让学习更好玩

在这样的背景下，如何让物理更好玩、更好学，是每位物理教师都需要思考的问题。我们先来看一个案例：

A 同学是一名初中生，从初一入学后，就出现交往障碍，学校将其归为"心理异常生"。班主任在档案中对其评语是："性格内向，不善交往，不愿意参加集体活动，有自杀想法，有自伤行为。"进入初三学年以后，情况没有好转，甚至有加剧的倾向。经心理医生诊断，认为其存在"社交焦虑障碍"。

社交焦虑障碍（social anxiety disorder，SAD），又称社交恐惧症，是指个体在社交场合或人前表演、操作时，存在显著的、持续的担忧或恐惧，从而妨碍其正常生活和社交活动的一种心理障碍。轻度的社交焦虑往往表现为与人交往的时候，害怕别人的否定评价，在人际交往中表现出不自然、忧虑、紧张、不安、回避等情绪和行为反应。许多研究发现，处于青春期的青少年（特别是初中三年级学生）是社交焦虑障碍的多发群体，而且大多数情况下无法通过自我缓解而痊愈。如果得不到矫正或改善，就可能发展成严重的社交焦虑障碍，并持续影响到成年期的心理健康、学业成就等方面。对于学生社交焦虑的诊断，目前已有较为成熟的儿童社交焦虑量表（SASC）可以采用，许多研究都表明，SASC 具有良好的信度和效度。在矫正和治疗上，专业的心理医生大多建议采用认知行为团体疗法，其有效性已得到确认，具体的操作方法也比较成熟。但在我国目前的中小学中，该问题尚未得到足够的重视。许多存在社交焦虑障碍的学生往往被校方定义为性格内向学生、问题学生或特殊学生，不但没能得到帮助和矫正，反而受到斥责、冷落和歧视，从而使问题进一步加剧，给学生未来的人际交往带来无法消除的负面影响。

社交焦虑障碍的成因很多，有学者认为社交焦虑障碍的发展过程受多种因素影响，包括遗传基因、气质特征、父母影响、早期创伤、认知倾向等因素之间的交互作用。也有学者对现有研究成果进行了比较和总结，从社会人口学特征、环境因素、心理因素、生物学因素四个方面提出了多种成因。学校教育在某种程度上也难辞其咎。根据有关学者的研究，中学生的社交焦虑与自我效能感低之间呈现出显著的正相关。而学校在教育过程中，对学生的人际交往指导缺失，过于强调分数导向的竞争排名，大班授课下对个体差异的忽视，都容易降低学生的自我效能感，从而加剧学生的焦虑感。

"双减"政策出台后，学校开展了校内课后服务。一些学校因条件所限，未能开展丰富多彩的拓展课程，反而利用校内课后服务时间开展学科教学，使学生的学业负担不减反增。学生在校时间长，在学业压力场下承压的时间也更长，加上晚自习回家后已经比较晚，与父母家人交流的时间受限，在一定程度上加剧了上述问题的严重程度。

学校应高度重视学生的社交焦虑问题，加强和加大对学生交往的指导与干预，对存在社交焦虑障碍的学生给予帮助和矫正。关于干预矫正的途径和方法，目前大多数研究成果都集中在认知行为团体方面，在具体操作过程中往往以心理辅导、心理团康活动、班级集体活动、体育活动等为主要形式，对于以学科课堂教学来缓解学生社交焦虑障碍的相关研究基本上仍处于空白状态，而这恰恰是学校最应该着力的地方。尤其是合作性的课堂教学游戏，对于缓解学生的社交焦虑障碍有着天然的优势，原因如下：

其一，有别于其他的人群，学生在学校与其他同学的社会关系首先表现为学习伙伴，学习上的互动是学生在学校社交活动的主要形式。学生社交焦虑障碍首先就表现为与同学的合作学习互动障碍，如果能够以此为切入口，对学生社交焦虑障碍的干预将起到事半功倍的效果。美国当代学者达林－哈蒙德和理查森（Darling－Hammond & Richardson）提出的情境学习理论认为，学习不仅仅是一个个体性的意义建构的心理过程，更是一个社会性的、实践性的、以差异资源为中介的参与过程。知识的意义连同学习者自身的意识与角色都是在学习者和学习情境的互动、学习者与学习者之间的互动过程中生成的，因此学习情境的创设就致力于让学习者的身份和角色意识、完整的生活经验，以及认知性任务重新回归到真实的、融合的状态，由此力图解决传统学校学习的去自我、去情境的顽疾。学习的本质就是对话，在学习的过程中所经历的就是广泛的社会协商，而"学习的快乐就是走向对话"。从这个角度来说，学习与交往是密不可分的。

其二，升学压力、考试排名、不当评价都可能降低学生的自我效能感，助长学生的社交焦虑，而恰当的课堂教学活动及评价对于提高学生的自我效能感能够起到良好的作用。通过循序渐进的教学活动，培养学生的自信、自尊和正面认知，形成正面迁移，能够有效缓解学生的社交焦虑。课堂游戏可以提供个性化、阶梯性与挑战性的学习内容，学生可以通过努力，实现进阶升级，不断挑战更高的难度。这是一种"非线性"的学习路径，学生不断地拓展自己的"最近发展区"，并在这个过程中建立自信与获得成就感。

其三，合作性课堂游戏所具备的趣味性能够吸引学生，让学生暂时忘却社交焦虑。同时，游戏需要学生通过合作、互动来完成，学生可以在游戏过程中与其他学生交往，对于建立学生的正面自我认知，具有显著的作用。一方面，课堂游戏可以增强学生的自信心，通过参与课堂游戏，学生可以在轻松的环境中展示自己的技能和才能，使他们在交往中更加自信和从容；另一方面，课堂游戏可以帮助学生掌握沟通技巧，如倾听、表达和解决问题。这些技能对于在社交场合中建立良好关系至关重要。学生可以在互动中学习如何与他人建立和维持良好关系。通过合作、分享和支持，学生可以学会如何在社交场合中更好地与他人相处。通过参与课堂游戏，学生可以提高自信心、沟通技巧、社交技能、适应能力和团队精神，从而在社交场合中更加从容和自信。

在 L 学校中，有多名学生存在不同程度的社交焦虑，其中以 A 同学（女，14 岁）表现最为明显。对照 SASC 量表，其在害怕否定评价、社交回避与苦恼两个维度上都表现出较高的焦虑水平。每天中午，她都独自留在教室休息，不敢回宿舍午睡；每天晚上也要等到熄灯以后才敢回到宿舍睡觉；平时与其他同学几乎没有什么交流，该生也反映班上没有一个值得信赖的朋友。其在物理课堂学习的过程中存在以下问题：

一是对教师和同学的评价非常敏感，获得正面评价时，没有表现出应有的愉悦感和成就感，而是松一口气、涉险过关，并开始为下一次回答忧虑；获得负面评价时，则表现出非常后悔、愧疚、伤心的情绪，不能正确对待，有时会持续较长时间的负面情绪。

二是在课堂上不敢、不愿意主动参与活动，并想方设法回避。特别是在需要独立面对其他同学回答问题、与其他同学互动及合作时，表现出强烈的焦虑。对于独立且不需要在人前完成的学习任务，通常完成得都比较好，但是其他学习活动就存在障碍。

三是在学习小组中，常常无法完成自己所承担的角色任务。由于学校物理课堂的学习小组采取角色轮换制，每名组员轮流担任学习组长、评价组长、作业组长等角色，轮到 A 同学时，她往往会以各种借口推脱，甚至拒绝上学。

为探索课堂教学活动对于缓解学生社交焦虑障碍的作用，帮助 A 同学克服困难，现以 A 同学为被试，开展为期一个学期的个案研究。研究过程主要做了以下几项工作：

（1）定期与其谈心，了解其心理状况和焦虑水平。对照 SASC 量表，在访谈中将 10 个条目穿插询问，并在事后做好登记。从访谈中，了解到 A 同学对自己的负面认知情况比较严重，可能的原因包括：家庭贫困（父亲患病、母亲打杂工、姐姐患精神分裂症，家庭极度贫困），身体原因（身体较弱、个子矮小、有慢性胃病、体育成绩不好），对学习成绩要求过高（总体成绩排在年级前列，但总担心自己上不了重点高中）等。其与同学关系紧张，尤其是认为宿舍里的其他成员都在针对和歧视自己。

（2）通过上级有关部门，帮助其解决经济困难，为其消除后顾之忧，资助单位承诺将一直资助其完成初中、高中及大学学业。同时通过其所在村庄的村居委会，做好其家庭的扶困脱贫工作。

（3）通过家访、电访，与其母亲达成教育转化的共识。

（4）在学习分组中充分尊重其个人意见，让她与最信任的 5 名同学组成 6 人小组，并与她约定，除非她本人有信心、同意，否则不安排她担任学习组长和评价组长，但要担任作业组长（负责收作业并做好登记）。在小组活动过程中，她可以优先选择任务。

（5）课堂上关注 A 同学的表现，对其表现及时给予正面评价。评价时要把握分寸，实事求是，结合具体事例进行适度表扬和肯定，切记泛泛而谈或言过其实，逐渐在其他同学面前树立其正面形象，同时帮助其建立自信和自尊。

通过合作性的课堂游戏，帮助其逐步建立正面认知，提高自我效能感。其所承担的任务由易到难，由相对独立到积极互动，促进其与其他同学的共处和交往。游戏本身应具备趣味性和合作性，以小组为单位开展。

（一）课堂活动游戏化

运用游戏化设计原理，将课堂活动进行游戏化改造。一是设置进阶关卡，将分层目标转换成过关标准；二是提供奖品与激励，并在第一时间向学生提供反馈；三是提供自我决策和选择空间，增加活动的自主性和个性化。教师可以将一些互动游戏，引入课堂教学。常见的活动包括：分组挑战、随机抽签、卡片任务、丢沙包、老鹰抓小鸡、谁是卧底、角色扮演。教师还可以将一些学生常玩的游戏因素引入课堂教学，例如可以仿照美国男子篮球职业联赛，设置名人堂、全明星、最有价值成员、技巧王、得分王、挑战赛等。

活动过程中，应将学生分成同质小组，鼓励他们在小组内进行讨论和交流。这样可以让学生在一个相对安全的环境中与他人互动，提高他们的社交技能。教师在课堂游戏中要积极引导和支持学生，关注他们的表现，及时给予肯定和鼓励。同时，教师也要关注学生的心理需求，为他们提供必要的心理支持。

（二）物理实验游戏化

将游戏化因素引入物理实验设计，可以提高物理实验的趣味性和学生的参与热情。这方面可供参考案例很多。一般来说，设计思路包括四个方面：一是在实验目标上设置阶梯，提高实验的挑战性；二是在实验过程中增加游戏元素，提高实验的趣味性；三是在实验组织上强调学生合作与竞赛，增加实验互动性；四是在实验效果上进行增扩，增加实验的戏剧性。以"用天平测量物体的质量"为例，在完成常规实验的基础上，教师可以引入以下的游戏化因素：如何测量一张纸的质量，如何在倾斜的桌面上测量金属块的质量，小组之间互相为对方制造障碍的情况下如何测量质量（如取走对方的部分砝码、导致砝码不够用），等等。

经过一个学期的跟踪，观察发现 A 同学的情况有明显的好转。课堂上参与活动的积极性明显提高，由于学习成绩进步明显，她主动要求担任了学习组长。在对其进行访谈时，她表示跟班上的 3 名同学建立了友谊，称她们为她的"好朋友"，晚上也能够与其他同学一起尽早回到宿舍，她表示宿舍同学对她的态度有了转变。对照 SASC 量表，其总体焦虑水平从 17 分下降到 8 分（非正式测量，而是通过访谈间接了解）。访谈中 A 同学表示非常乐于参与课堂游戏，并且能够在与其他同学的合作中获得快乐。期间有一次因为她，她们小组没有获胜，有同学因此对她表示了埋怨和批评。她虽然因此而情绪低落，但随后主动向老师表示会正确面对，而且她确实也做到了。

结合对 A 同学的个案研究，初中学校应高度重视学生的社交焦虑问题，对存在社交焦虑障碍的学生进行甄别，并且把课堂教学作为缓解学生社交焦虑的重要途径，用合作性的课堂游戏来帮助学生建立自我效能感，促进其正面认知，使学生逐渐克服困难，走入正常社交活动。研究表明，这种方法不但必要，而且切实可行，效果显著。

从这个案例中我们可以看到，当物理变得好玩、好学的时候，一个存在社交焦虑的学生也能够毅然走出阴影，说明游戏的力量、学习的引力，是非常强大的。

"双减"政策的目标是减轻学生的课业负担，让学生有更多的自由时间和空间去发展自己的兴趣与特长，而不是单纯地增加学生在校时间。但是在"双减"政策实施后，虽然学生的作业和考试压力可能会有所减轻，但是学校和家长的升学焦虑并没有减轻，这可能会给学生带来一定的心理压力，影响他们对学习的兴趣。学校和教师注重学科知识的传授，可能会忽略学生的学习兴趣和需求，导致学生对学习内容不感兴趣。对于物理这样需要实验和实践的学科，如果仅仅是学习理论知识而缺乏实际操作，学生可能会感到无趣。

那么学习的兴趣从哪里来？我们来看以下案例：

小 M 是在上初二之后，对物理产生了浓厚的兴趣。他的父亲给他买了一套简单的物理实验器材，其中包括一些简单的光学仪器、电学设备和一些其他的基础物理实验设备。小 M 非常兴奋，他开始在家里做实验，试图理解这些设备的工作原理。

在做实验的过程中，小 M 发现了一些有趣的现象。例如，通过光学仪器，他可以改变光的路径，让光线从一种介质进入另一种介质时发生折射。他用电学设备研究电路的连接方式，理解电流、电压和电阻之间的关系。在做实验的过程中，他也遇到了很多问题，但是他总是努力去寻找答案。

在学习的过程中，小 M 非常有成就感，这进一步增强了他对物理的兴趣。他开始主动寻找更多的物理书籍和资料来阅读，以扩展自己的知识面。他也参加了学校的物理俱乐部和竞赛，与同学们分享自己的知识和经验。

小 M 的学习体验表明，实际动手做实验对于保持学习兴趣起着重要的作用。通过做实验，他可以亲身体验到物理现象，而不是仅仅从书本上学习理论。此外，他遇到问题主动寻找答案，不仅提高了解决问题的能力，也加深和增强了其对物理的理解和兴趣。

学生的学习体验对于培养和保持他们的学习兴趣起着关键的作用，但并非每个学生对物理都会有相同的兴趣和学习体验。

四、关键在于体验

我们经常说学生的学业压力大、负担重，指的是作业多、考试多，可是为什么有些学生通宵达旦地动脑玩游戏，却从来不觉得是一种负担呢？有人说是因为游戏不用考试，可是游戏里面不是无时无刻不在考试吗？而且游戏里的考试，通常还是淘汰性的，一旦失败，就是游戏结束，要退出了。可见，真正的学业压力、学业负担，并不仅仅是体力上的负担，通过减少作业、缩短学习时间来"减负"，恐怕效果并不好。笔者认为，最重要的是改善学生的学习体验。

我们的学生在学校里的体验看上去不是那么轻松，可能幼儿园和小学低年级稍微好一点，其他年级的多数学生在学校里是很难真正体验到学习的快乐的。想象一下，一个学生很早就要开始上学，到学校以后从早到晚不停地上课，有相当一部分课堂是略显枯燥的，或者是听不懂的，考试很难，而且成绩总是不理想，学生在学校里总是不断地处于竞争状态，很少有真正愉快的合作，成绩排名像一把达摩克利斯之剑，总在你不留神的时候落下来。每天都有做不完的作业，作业本身很无聊，不仅抄抄写写，还要写得端端正正。在家里爸爸妈妈、爷爷奶奶唠叨个不停，在学校里又经常受到教师的监管，同学之间总有闹不完的矛盾，你说烦不烦？相比之下，游戏好玩多了！

游戏的难度其实一点都不比学习低，而且游戏的最终结果几乎百分之百是失败，毕竟最终的王者只有一个，你打败了一个对手，还有一个更强的对手在等着你，游戏的难度是逐级提升的，你的能力越强、级别越高，游戏的难度也越高，能够玩通关的人毕竟是极少数，绝大多数游戏玩家总是在不停地经历着失败。但为什么，游戏如此让人着迷，以至于有些学生沉迷在游戏中无法自拔呢？

归根结底，两个字：体验。

学生玩游戏和学习的体验是完全不同的，它们的区别在于：

（1）使命感。学生通常都是带着使命感来玩游戏的，不玩游戏的人可能无法理解，玩游戏还带着使命？确实如此，每一个让学生着迷的游戏，都含有一个宏大的故事框架，学生在里面或者是带领几个人建立一个国家，或者是单枪匹马打掉一股邪恶势力，或者是拯救一个无辜的人物。学生带着明确的目的来玩游戏，一旦成功，他将成为英雄。哪怕失败，他也无怨无悔，因为这是他的"事业"。相比之下，有些学生在学校里学习的目的是不明确的。大人会告诉他为自己而学，但是他在实际学习过程中无法体会到这一点，因为现实中大人们总是不断地催着、逼着他在学习，他感觉到实际上是在为大人而学。考好了，大人们笑容可掬；考差了，大人们马上暴风骤雨。未来尚未到来，学生很少会去规划自己的未来。因此，学习成为一种不得不做的任务，学生陷入一种"无奈"的状态，拖着疲惫的身心走进学校里学习，效果可想而知。

使命感跟竞赛获奖、考出好成绩不同，后者只是属于个人的，但前者是改变世界、造福他人或公众的，使命感带来的动力是持久而愉悦的。其他的学习过程，我们也可以沿着这个思路去考虑。

（2）允许失败。游戏的世界里，失败并不可怕，大不了从头再来。许多游戏高手都是不断地从失败中吸取经验教训，不断磨炼自己的能力，不断超越自己，实现进阶升级的。本来学校也是一个容许学生犯错的地方，但是我们在实际教育过程中，对失败的容许度不断降低，导致学生的犯错成本太高，许多考试、评价都是一次性的，学生没有重来的机会，这让学生对结果产生恐惧感。有些学校的单元测试、期中考试、期末考试允许学生多次考试，考到学生满意为止，并以最高成绩记入成绩册，这样就可以在一定程度上减轻学生的学业压力。现在义务教育不允许留级，对学生来说也是压力的来源。学不好，却没有机会重来，只能赶鸭子上架，在一个更高难度的年级里持续性地体验失败，而且几乎没有成功的可能，学生的体验肯定好不到哪里去。想象一下，如果某个游戏设计的规则也跟学校类似，他没有掌握通关技巧，在第一关就失败了，但是当他重新进入游戏时，游戏会强迫他进入难度更大的第二关，然后继续失败，瞬间失败，接着进入第三关，继续失败。这样的游戏，还会有人玩吗？

（3）个性化、阶梯性与挑战性。对于学校学习来说，标准只有一条，进度只有一个，考卷只有一张，哪怕在不同的班，也由于教师集体备课（统一教案、统一习题、统一作业、统一进度、统一测试）的存在而接受标准化、统一化的教育。大班授课加上统一要求，使得教师只能面向中间层甚至中下层的学生来开展课堂教学，于是优生吃不饱、学困生吃不了的问题就必然长期存在。但是游戏不一样，每个人的进度、装备、能力都是不一样的，他们有自己的进度表，游戏过程始终在自己可接受的范围内。与此同时，游戏又不乏"跳一跳，摘桃子"的挑战性。游戏设计者设计了进阶模式，学生通过不断努力，可以实现升级，不断挑战更高的难度。所以说游戏设计者非常理解、非常善于利用学生的"最近发展区"。一些学校开展的分组学习、走班学习，都是希望在力所能及的范围内解决这些问题。至于北京十一学校，那就走得更远了，实现了一人一张课表、一人一个进度的个性化、非线性学习。

类似地，我们能不能在学校教育中引入这些游戏因素？

（4）及时的奖励与反馈。俗话说，今天努力流下的汗水，都会在未来浇出成功之花。问题是这个成功来得太慢了，以学生的年龄阶段，让他们用持续十几年的努力，去换取未来"虚无缥缈"的成功，是不现实的，因为他们很难坚持。真正有效的奖励，应当及时而且明确，而这正是游戏的最大特点。你带错了装备，放错了大招，对手马上把你击败；你用对了策略，使对了技巧，你马上能够打败对手，实现进阶。由于反馈和奖励是实时的，所以学生做错了，马上会换一种方法，通过不断调整和改进，总可以找到正确的方法。反观学习过程，哪怕是单元新课学习，学生都无法当场知道自己的理解是不是对的，方法是不是好的，一切只有等到第二天的作业，甚至是几个星期之后的测试才可能知道。有些错误，可能在单元测试中也无法发现。等到发现错误的时候，一切又太晚了，学生已经不可能或者说很难再去调整、去重新用恰当的方法学习了。

（5）竞争与合作。一般情况下，学校里是存在学业竞争的。例如成绩的呈现，国家本来是提倡使用等级的，但很多人还是追求分数，这样才能够更加具体地分出高低。游戏里也有竞争，而且游戏的胜利和通关，就是通过竞争胜出的结果，可以说竞争更加激烈。但是游戏里的竞争，是以合作为基础的竞争，学生打团战的时候，通过分工合作，都是真心实意地为团队去战斗的，只要有一个弱队友，整个团队就走不远，所以是齐心协力、人人奋勇。原来我们学校在日常行为管理中，采取小组管理和评价的方式，效果也是不错的。

（6）自我决策。学生在游戏中，往往有一种一剑在手、天下可得的豪气。赢了，是自己努力的奖励；输了，是自己失误的惩罚。游戏的过程依靠自己决策，全程是自己把控的，学生会对结果负责。但是在学习过程中不一样，学习时间是教师定的，学习内容是教师定的，学习过程是教师定的，习题作业是教师定的，可偏偏要学生自己对考试结果负责，这对于学生来说也是一种负面的体验。因此我们要想办法让学生"管理"自己的学习。当然，大班授课的我们实际上无法实现真正的非线性学习，但是我们可以营造一种让学生自己负责学习的"假象"来改善学生的学习体验，这里面的关键就是"选择权"。有些学校实行基于学生自主选择的走班制，也是这个目的。我们的规模太小，教师施教水平参差不齐，实行走班可能不现实，尤其是自主选择的走班不具备现实可行性，但是我们可以在作业、测试等环节给学生提供选择的空间。

（7）规则的确定性。游戏的规则是非常明确的。怎样才算胜利、通关？

怎样才能进阶、升级？学生在玩游戏的时候心里很清楚。但是学习就完全不一样。他学了以后究竟算不算掌握了，掌握到了什么样的层次？这个标准是非常模糊的。有时候学生觉得自己好像懂了，可是换一个题目又蒙了。本来我们有课程标准，基于课程标准来开展教学应该是顺理成章的，可是一方面课程标准过于模糊宽泛，另一方面期末考试总在不断地拔高难度，中考也是如此，都大大超过了课程标准的难度，这让学生无所适从，不管是什么层次的学生，都没有安全感。所以有些学校干脆就不管期末考试和中考，反正基于课程标准来开展教学就可以了。

（8）多样性与趣味性。相比于学校学习过程中的单调乏味，游戏过程中总有许许多多的趣味性元素，例如意料之外的游戏彩蛋、精彩纷呈的故事情节、千变万化的皮肤装备、惊喜不断的通关奖励，都让学生进入一种"心流"的状态，乐此不疲。而学校里的课堂基本上是千篇一律的，总在强调精讲多练，所以学生要么听教师讲，要么做练习，基本就这"两板斧"。当然，有很多教师正在努力改进。增加课堂的丰富性、多样性和趣味性，应当成为我们课堂改革的方向。

综上所述，如果我们能够引入游戏的元素，把学习变成一种富有挑战性、趣味性的游戏，学生的学习动机就能够被充分调动起来，学习成绩自然就能够水涨船高了。

以上说的是游戏的优点，当然现实的学习也有游戏比不了的优势，例如真实的学习过程中，人与人之间的真实情感交流，是玩游戏比不了的。玩游戏时间长了，学生会有一种孤独感，但是在学习过程中如果我们能够创造条件，让学生之间、师生之间有充分的情感交流，学生也能够获得良好的体验。此外，真实的学习带来的奖励也是真实的，跟游戏中转瞬即逝的愉悦感相比，成绩的进步和真实的奖励能够带来的愉悦感会更加强烈而持久。当然，这里有个前提，那就是：要学得会、考得好。我们有时候会为那些优秀学生对学习的热爱而感到吃惊，除了他们本身良好的家庭教育带来的自律能力以外，最重要的是基础好、学得会，所以更加热爱学习。用一句话来形容就是：我优故我学，我学故我优。这是一个良性循环。

第二章　玩以致用的缘起：格物致知、学以致用

一、子曰

格物致知、学以致用，是物理学习的关键所在。

子曰："诵《诗》三百，授之以政，不达；使于四方，不能专对，虽多，亦奚以为？"（背诵《诗经》三百首，把处理政务的方法教给你，却不能好好地处理政务，周游四方不能独立办理外交大事，背得虽多又有何用？）

学习知识的目的并不是只要学到就算，能记住就行，而是要将学到的知识在生活中加以灵活运用才行。现在，我们有时不太重视教育与知识应用，反而比较重视知识传授，以至于有些"人才"只会纸上谈兵，动手能力差，眼高手低。

格物致知，是指通过探究事物的原理，从而获得知识。这是儒家思想中一个非常重要的概念，强调通过实践和观察来获取知识，而非仅仅依靠书本上的知识。

在物理学习中，格物致知、学以致用更加显得重要。物理学不仅仅是一门学科，更是一种科学方法、一种思考方式。只有通过亲身实践，深入探究物理现象背后的原理，才能真正理解物理学的精髓，掌握其应用方法。

我们不能仅仅满足于书本上现成的知识，因为物理学是一门实践性很强的学科，知识的价值在于应用。我们要会将学到的物理学知识应用到实际生活中，以此来解决我们遇到的问题。这样，我们才能真正领会物理学的真谛，掌握其精髓。

我们的教育体系也应该更加注重实践能力的培养。在传授物理学理论知识的同时，应该更加注重引导学生将所学知识应用到实际生活中，培养他们的动手能力和独立解决问题的能力。这样培养出来的人才能更好地适应社会的需求，更好地服务于社会。

物理学习不能仅仅停留在理论知识的层面，更要在实践中加深理解，学会应用。只有这样，我们才能真正成为物理学的主人，将其运用于生活的方方面面，让物理学真正发挥其应有的作用。

初中是普惠性、普及性、基础性的教育。物理作为一门实践学科，无处不体现着格物致知、学以致用的真谛。

作为初中物理教师，我们要注重培养学生的实践能力和探究精神。这不仅需要我们在课堂上引导学生进行实验探究，让他们亲自动手、亲身感受物理现象和规律，还需要在课外布置一些具有实践性的作业和活动，让学生有更多机会将所学知识应用到实际生活中。

例如，在学习电学知识时，可以让学生设计一个家庭电路，让他们亲自动手连接电线、安装灯泡、安装开关等。这样不仅可以让学生更好地理解电路的构成和电流的流向，更重要的是让他们在实践中掌握电学知识，学会解决实际电路问题。

此外，在学习力学知识时，可以引导学生探究自行车上的力学原理，让他们通过观察、思考和实验，了解自行车在行驶中所涉及的物理学原理和力学知识。这种探究性的学习不仅可以让学生更好地理解力学知识，更重要的是让他们学会如何将所学知识应用到实际生活中。

在物理教学中，我们还要注重培养学生的科学精神。要让学生了解科学是一种严谨、客观的态度和方法，是认识世界、改造世界的重要工具。要让学生学会以科学的态度看待世界，尊重事实、尊重证据，不轻易下结论，不断进行实验和修正自己的观点。

知识的价值在于应用，学习的真谛也在于应用。在初中物理教学中，我们要注重培养学生的实践能力和探究精神，让他们学会将所学知识应用到实际生活中，以此来解决我们遇到的问题。这样，我们才能真正培养出具有科学精神和探究精神的新时代人才。

二、朱子曰

朱熹提出："格，至也。物，犹事也。穷至事物之理，欲其极处无不到也。""格物"就是深入研究事物，把它的每个方面都搞得清清楚楚，不管大小、粗细都包含在内。比如花草树木、小猫小狗，只要眼睛能看到的东西，都属于"物"的范围。这些"物"都有自己的道理，比如花草树木生长的规律、小猫小狗的行为方式。而"格物"就是要研究这些"物"的道理，"格物"的最终追寻乃"穷理"。

朱熹认为，我们认识世界的过程，就像是在"格物"一样，要一点一滴地去理解和把握它们。就像种树一样，需要慢慢浇水，细细照顾。如果你只浇一次水，就希望树能长起来，那是不可能的。同样，如果你只"格"了一样物，就希望自己能掌握所有物的道理，那也是不可能的。要一件一件地去做，才能真正理解事物的规律。

"致知"就是把这些"物"的道理通过我们的认知活动转化为自己内心深处的智慧的过程。"知"在这里有两个意思：一是知道，二是知识。知道就是通过我们的感官和理解去感知世界，获得信息；知识就是我们对这些信息进行整理和归纳后形成的规律性的认识。

朱熹认为，"致知"就是将我们在"格物"中所获得的那些事物的规律推而广之，让我们能从这些已知的事物的规律推断出其他未知的事物的规律，进一步形成自己的认识和理解。"致知"就像是在"格物"的过程中不断积累经验，然后通过这些经验去推断未知的事物。

所以，"格物"和"致知"就像是一个硬币的两面，不可分割。要通过"格物"去"致知"，即通过深入研究事物来获取知识和理解世界；又要通过"致知"去"格物"，即运用我们的知识和理解去进一步探究世界。这样循环往复，不断提升我们的认知水平。

朱熹认为，只要我们坚持不懈地格物致知，就能逐渐认清世界，理解万事万物的规律。就像我们通过不断学习和实践，可以逐渐提高自己的知识和技能一样。所以，"格物"和"致知"就是一个不断学习和认知的过程，通过这个过程，我们可以逐步理解世界，把握万物的规律。

世间之物，何止千万，一一去格，如何穷尽。对于如何"致知"，朱熹提出了推类的方法。

每一个事物都和它周围的事物共同满足一些特定条件而存在，并且不断进步。这些事物之间一定有很多相同的特性。如果我们暂时没有必要去研究这个事物，但又有条件去研究它周围的事物，那么我们可以通过对周围事物的研究来做出一般性的总结，然后用这个总结来仔细研究这个事物；也就是说，对于同一类事物，我们可以根据研究它们中的很多个，来寻找它们的一般相同特性，然后借此来理解这一类中还没研究过的具体事物，这就是所谓的"推类"。朱熹认为，如果你把十个事物归为一类，你可以通过研究这一类事物中的大部分，来寻找一般规律，以此来推断余下几个。虽然每个事物都有自己的道理，但所有的道理都出自同一个源头，我们可以通过"推类"来理解事物中存在的道理。

物理物理，事物之理，理应从"物"中去寻，从"物"与"物"的关系中去寻。

物理，其本质乃是对万物之规律的研究与探索。这种规律既包括宏观世界中天体运动、力学、热学、光学等领域的规律，也包括微观世界中粒子运动、电磁学、原子核等领域的规律。这些规律的形成和演变，都离不开"物"与"物"之间的关系和相互作用。

物理学家们始终秉持着这样的信念：物质世界的一切现象和规律都是由各种物质之间的相互作用所决定的。这种相互作用可以是引力、电磁力、强力、弱力等基本物理力，也可以是物质本身的性质和状态。因此，在研究物理问题时，必须从"物"与"物"的关系中去寻找答案。

例如，在研究电磁学问题时，我们需要了解电荷、电流、磁场等基本物理概念以及它们之间的相互作用规律。而这些概念和规律都是通过实验和观察得到的，不是凭空臆想出来的。在研究光学问题时，我们需要了解光的传播规律、折射、反射等现象，而这些规律和现象也都是通过实验和观察得到的。

总之，物理研究必须从"物"与"物"的关系中去寻找答案，这也是物理学作为一门实验科学的本质所在。只有通过不断实验、观察和研究，我们才能够更深入地了解物质世界的基本规律和现象，进而推动人类文明的进步和发展。这是朱熹"格物致知"对我们物理教学的启发。

三、陶行知曰

陶行知先生是我国近代著名的教育家，他批判地继承了杜威的理论和思想，并结合自身的教育实践以及中国的实际情况，将"行知论"作为框架进行了改造，将实践与认知有机地结合在一起，创立了具有深远影响的生活教育理论体系。

初中物理教学的理念是"从生活走向物理，从物理走向社会"。从本质上来看，这一理念与陶行知先生的生活教育理论是一脉相承的。因此，笔者结合初中物理教学的实践经验，运用陶行知先生的生活教育理论，对初中物理教学中存在的问题进行分析，并根据生活教育理论提出相应的解决方法。

陶行知生活教育理论的核心思想在于正确处理生活与教育的关系。陶行知先生对生活教育的定义是："生活教育是给生活以教育，用生活来教育，为生活向前、向上的需要而教育。"简单来说，生活教育是积极主动的，与现实生活紧密相连，并以学生能够最大限度接受的方式融入他们的生活中。具体来说，包括以下三个方面：

第一，陶行知的生活教育理论主张"生活即教育"。陶行知认为应该用"活"的教育来代替"死"的教育，特别强调将教育融入学生的日常生活。在教学方法上，应该利用生活中的材料和情境，引导学生在生活中进行探究学习。与传统的、机械的、照本宣科的教育方式相比，教师更应该注重学生的实际生活体验。

第二，陶行知的生活教育理论主张"社会即学校"。这种理论打破了传统的观念，认为学校并不是进行教育的唯一场所。教育应该涵盖生活的方方面面，把整个社会视为一个大的"学校"。同时，也强调了学生不仅需要在学校中学习知识，还需要通过社会实践来获取更多的经验和技能。

第三，陶行知的生活教育理论主张"教、学、做合一"。这是生活教育理论的重要实践方式。陶行知认为，"教""学"和"做"并不是三个独立的部分，而是一个整体。在教学实践中，必须将三者统一起来。教师应该注重引导和启发学生，而不是简单地传授知识；学生应该通过实际的操作和体验来获取知识和技能；同时，教师和学生都应该积极参与社会实践，通过实际行动来探究和解决问题。

基于生活教育理论，陶行知反对"把肉儿赶跑了，把血色赶跑了，甚至有些是把性命赶掉了……把有意义的人生赶跑了……把中华民族的前途赶跑了"的赶考，主张发起"培养生活力之创造的考成"。要"止于大众之幸福"，就必须解放老百姓的创造力，解放包括孩子在内的所有人的双手、双眼、嘴、头脑、空间和时间。创造力是实现这个目标的关键，而解放创造力则意味着使学习者充分自主，让他们在学习过程中扮演主导角色，自主选择并从事自己喜欢和擅长的事务。

陶行知还强调，学习者应当在自我实现的过程中寻找快乐。通过这种自主、快乐的创造性学习方式，可以大大减轻学习者的负担，同时培养他们持续发展和终身学习的能力，充分挖掘和发挥他们的创造力。

陶行知先生给自己写过一副对联："以教人者教己，在劳力上劳心。"这应该成为我们物理教师的座右铭。陶行知先生若在今天做物理教师，一定是我们膜拜的楷模。

四、课程标准日

《义务教育物理课程标准（2022 年版）》（简称"课程标准"）对义务教育阶段的物理课程定义与义务做了详细的规定：

义务教育物理课程是一门以实验为基础的自然科学课程，与小学科学和高中物理课程相衔接，与化学、生物学等课程相关联，具有基础性、实践性等特点。义务教育物理课程旨在促进人类科学事业的传承与社会的发展，帮助学生从物理学视角认识自然、解决相关实际问题，初步形成科学的自然观；引导学生经历科学探究过程，学习科学研究方法，养成科学思维习惯，进而学会学习；引领学生认识科学、技术、社会、环境之间的关系，形成科学态度和正确价值观，增强社会责任感、民族自豪感；激发学生热爱党、热爱祖国、热爱人民的情感，为培养德智体美劳全面发展的社会主义建设者和接班人奠定基础。

遵循初中学生身心发展规律，贴近学生生活，关注学习生长点，以具体事实、鲜活案例、生活经验和基本概念等引导学生进行理性思考。注重时代性，加强与生产生活、社会发展及科技进步的联系，凸显我国科技成就，引导学生增强文化自信，树立科技强国的远大理想。

依据物理学科内涵，遵循学生认知规律，明确物理学习主题。主题内分级呈现，层层递进；主题间相互关联，各有侧重。注重"知行合一、学以致用"，体现物理课程基础性、实践性等特点。

物理课程具有基础性和实践性两个显著的特点。首先，物理课程的基础性体现在它所涉及的知识领域广泛，且这些知识是构建学生科学素养的基础。通过学习物理学的基本概念和原理，学生能够理解自然现象背后的因果关系，为进一步的科学学习和实践应用打下坚实的基础。其次，物理课程的实践性体现在它强调通过实验和观察来获取知识、验证假设和解决实际问题。物理学是一门以实验为基础的学科，学生通过亲身参与实验过程，能够锻炼自己的动手能力、观察能力和科学思维能力。

义务教育阶段物理课程的目标是促进人类科学事业的传承与社会的发展。它旨在帮助学生从物理学视角认识自然，理解自然现象背后的规律和原理，从而解决相关的实际问题。通过学习物理，学生可以了解到科学对于社会发展的推动作用，培养正确的科学价值观和科学精神。

物理课程还强调引导学生经历科学探究过程，学习科学研究方法，养成科学思维习惯。科学探究是科学研究的基本方法和步骤，学生通过亲身参与探究过程，能够锻炼自己的科学思维能力和解决问题的能力。同时，物理课程还注重培养学生的科学态度和正确价值观，让学生认识到科学、技术、社会、环境之间的关系，形成强烈的社会责任感和民族自豪感。

物理课程还引入了具有中国特色的科技成就和物理文化内容。这也是一种"学以致用"的表现，可以引导学生关注科技与社会发展，帮助学生了解我国的科技发展历程和重要成就，增强文化自信和民族自豪感。同时，这些内容也可以引导学生树立科技强国的远大理想，激发他们的爱国热情和学习动力。

学科核心素养是广受关注的新提法。学科核心素养是在一定价值观引领下的必备品格和关键能力，代表着学生是如何理解这个世界、如何与这个世界交互和交流的。基于学科核心素养的教与学，不是对知识的简单传承与掌握，甚至也不是对学生的简单训练与塑造，这是一种难以预设、某种意义上属于个体体验的结果。换句话说，知识是客观且有标准的事实，物理观念乃至整个学科核心素养却可能因人而异，教师无法通过简单的"讲解""训练"来形成学科核心素养，这是"从文本到文本"的教学效率低的原因所在。与之相反的是，格物致知、学以致用的教学与作业，鼓励学生以解决问题为核心，通过个性化、合作性的具身体验来完成学习，在教学逻辑、内容设计和组织形式上进行重构，才是学好物理的正确方法。

五、我的学生们曰

你为什么喜欢物理？我们来看看学生们是怎样说的。

物理，这个揭示自然奥秘的学科，如同一把钥匙，带领学生们打开通往知识的大门。它以独特的视角和理性的思维，将大家带入一个充满奇妙的微观世界。在这里，原子、分子、重力、电磁波等基础概念构建了一个精巧细致的世界框架。

学生们为何钟爱物理？或许是因为它的至真至美。物理之美，不仅在于课本中的公式和图表，更在于科学家们不断探索真理的求知精神。如同验证万有引力定律的伽利略，以及研究量子力学的海森堡，他们在追求真理的过程中，展示出了无比的勇气和决心。

同时，物理作为科学的基础学科，所培养的是一种逻辑严谨的思维方式。学习物理的过程就像在解谜，它需要我们观察现象，提出假设，设计实验，并最终得出结论。这个过程不仅训练了我们的逻辑思维，更为我们提供了认识世界的金钥匙。

物理的实际应用让学生们感到亲切。无论是电力、通信、交通还是能源开发，物理都扮演了至关重要的角色。它让我们理解了科技发展的重要性，也为我们揭示了未来可能的发展方向。

物理是一种全球性的语言。在科研、工程、技术等领域，不论你来自哪个国家，只要掌握物理，就能与世界各地的同行进行交流。因此，学习物理不仅是为了个人发展，也是为了更好地了解这个世界。

物理的魅力源于它的真实、美丽、实用和全球性。学习物理，就是探索未知、理解世界、服务社会的过程。正因如此，学生们对物理的热爱从未消减，并将永远持续。

学生甲：

我吧，一碰到物理实验就特来劲儿，真的！每次一走进实验室，我就感觉自己仿佛进入了一个全新的世界，就像是探险家在未知的领域里探索，充满了好奇和兴奋。

学生乙：

你知道吗？我喜欢那种自己动手操作，让课本上的理论知识跟现实世界的东西对照的感觉，特别有意思。这就像是给理论加上了翅膀，让它从抽象的概念变成我可以触摸到的东西。

不仅如此，做实验也锻炼了我实际动手的能力。要使用各种仪器，还要自己记录和分析数据，这都让我学会了如何独立解决问题。尽管过程会遇到很多麻烦，但只要成功了，那种成就感就满满的，特别爽！

学生丙：

物理实验教会我怎么去观察、分析和解决遇到的问题。这个过程让我学会了要仔细观察、深入思考，更明白了实际解决问题需要什么样的知识和技能。

学生丁：

我就是特别喜欢物理实验，因为它带给我很多乐趣和收获。它是我理解和掌握物理理论的金钥匙，也提升了我的实际操作能力和解决问题能力。每次做实验都是一次新的探险和挑战，让我对物理学有了更深的理解和热爱。

学生戊：

物理啊，实在是很实用的一门学科呢！它不仅能解释为什么天空是蓝色的这种日常现象，还在航空航天、工程、医学等行业里发挥着至关重要的作用。有了物理知识，我们可以更好地理解和应用这些技术，让生活变得更方便、更美好。物理充满了奥秘和挑战哦，就像一个巨大的宝库，吸引着我们去探索。研究物理可以帮助我们认识一些曾经无法解释的自然现象，让我们在思考和学习中感受到无尽的乐趣。而且，物理特别有创造性和创新性。很多伟大的科学家和发明家都因为受到物理的启发，利用物理原理和技术，创造出了改变人类生活的伟大成果，比如爱因斯坦的相对论。

六、我曰

格物致知，历史上有不同的解释，通常指穷究事物原理，从而获得知识。所谓格，即探究之举；所谓致，即求得之义。无论是做学问还是搞科研，只有深入实践、认真研究客观事物，才是寻求真理的唯一途径，强调通过亲身实践和观察事物来获取知识和认识事物的真实本质。格物致知，就是在躬行践履中研究真理。学贵力行，行贵体悟，行而致知，知而促行，循序渐进，方能诚意正心，培育修齐治平品格，造就经世致用人才。清朝末年，把物理、化学统称为"格致"，即取《礼记》"致知在格物，物格而后知至"之义，这是科学精神的体现。

学以致用，主张学用结合，强调把所学的知识运用到实际生活中去。在学校教学情境下，这里的"学"和"用"是互为因果的。"学"是"用"的前提，同时"用"也是"学"的方法。它启发我们要确立实践导向的教学观念，引导学生连接理论与实际，将抽象的物理知识与实际生活结合起来，通过生动、具体的实例和活动引导学生理解与掌握知识，帮助学生树立理论联系实际的学习观念，同时让学生通过动手做，探究问题的解决方法，从而锻炼他们的实践能力和创新能力，培养学生综合运用知识的能力。

格物致知，学以致用，形成了一个物理学习的闭环，跟我们通常说的"从生活走向物理，从物理走向社会"，有异曲同工之妙。

当然，我们今天讲"格物"，不是凭意念去"格"，那是一种机械、可笑的求知方法，事实上不可能"致知"。"格"要科学地"格"，讲究科学研究方法。控制变量、等效替代、理想实验，都是"格"，其核心就是要动手探究，动手实践。"物"也不是机械地指世界万物，还应当包括"物"与"物"的关系。所谓规律，就是关系的另一种表达。而知识本身，其实也是用关系来定义的。所谓"知"，也不是要穷就"物"背后那个抽象、完美的"本体"，而是要在科学范式的框架里，寻找一种"操作"或者说是"算子"，让人在现实世界里得以"运行"与"生成"。所以"知"不仅包括"物"何以为"物"、"物"与"物"的关系，还应当包括"元认知"，即关于如何求知之"知"。

学以致用，用在何处？党的教育方针明确指出，教育必须为社会主义现代化建设服务，必须与生产劳动相结合，培养德、智、体等方面全面发展的社会主义事业的建设者和接班人。我们要培养的是"经世致用"之才，而非"皓首穷经"之辈。所以说，应试教育之所以被诟病，就是因为从文本到文本，未能够引导学生"学以致用"，而素质教育的素质高低，不在于具备多少音乐、美术、体育技能，而在于能否学用结合，成为有用之才。

而这才是格物致知、学以致用给我们最大的启发。

第三章 玩以致用的原理：好奇心、好胜心与自信心

一、从实际上说

好奇心是与生俱来的进化本能，在儿童身上尤其强烈。由于好奇心的驱使，当我们遇到新奇事物时，会主动提出问题，并产生通过实际行动解决问题的强烈动机，这既是本性使然，也是生存之本。好奇心是创造性思维的源泉，探索和研究未知事物的心理倾向促使人们不断求新求异，发现和提出新的问题，并积极探索解决问题的方案。探究、实践以及随之而来的肯定与奖励，能将好奇心转化为求知激情、审美情趣和执着探索的精神，而各种形式的惩罚、排斥等显性或隐性的规训可能会抹杀个体天生的好奇心，进而扼杀其创造力。

相信所有的物理教师都鼓励学生保持好奇心。学生的好奇心在初中物理学习过程中起到了重要作用。好奇心可以激发学生对物理现象的探究欲望，从而增强学习的动力。例如，当教师在课堂教学中展示有趣的物理现象时，如纸杯烧水、空手着火等，学生会对这些现象产生强烈的兴趣和好奇心，从而产生探究这些现象的动力。好奇心可以帮助学生更深入地理解和掌握物理知识。当学生有了好奇心，他们会更愿意去深入思考和理解物理现象背后的原理和规律。如电生磁与磁生电，学生会对这种现象感到好奇，从而进一步探究和理解电磁感应的基本原理和规律。好奇心可以培养学生的科学素养和创新精神。当学生对物理现象产生好奇心时，他们可能会尝试去探索更多的物理现象，或者通过实验等方式去验证和理解这些现象。这样的过程不仅可以帮助学生更好地理解物理知识，还可以培养他们的科学素养和创新精神。

同样，好胜心也是人与生俱来的进化本能，是人们追求胜利、战胜对手，期望在某个领域取得优异成绩的心理特征。这是人类社会的基本生存动力，也是推动人类社会进步的重要因素。适度的好胜心可以激发学生的积极性，引导学生自我挑战、努力向前，激发他们的创造力。有些学生自我标榜"佛系"，

不过是对胜利无望之后习得性无助的表现，或者是一种失败之后的自我安慰和心理调整。当然，过度追求成功和胜利，将学习导向过度功利化，是我们应该避免的。我们应当合理地引导和调控学生的好胜心，以保证学生积极、健康地看待挑战，让学生明白，比赛和挑战的价值不是简单地由胜负决定，更重要的是过程，是参与，是发现和解决问题的勇气和智慧。

在物理教学中，好胜心可以激发学生的内在动力，使他们更加渴望在学习中获得成功和认可。这种积极的心态可以促进他们对物理知识的探索和理解，提高他们的学习积极性和参与度。当学生怀有强烈的竞争心理时，他们会更专注于课堂学习，积极参与课堂讨论，并努力掌握相关的物理概念和原理。这种心理状态有助于提高他们的学习效率，从而更好地理解和掌握物理知识。好胜心强的学生往往更愿意主动思考和解决问题，他们不满足于表面的知识，而是努力探究问题的本质。这种思维方式有利于提高学生的物理成绩，同时也有助于培养他们的创新能力和批判性思维。好胜心强的学生往往更愿意参与团队学习，与他人分享自己的知识和经验。这种合作精神有助于提高整个团队的物理学习效果。

自信心是对自己能力和价值的信任和肯定，它让学生相信自己可以应对挑战和困难、克服障碍并取得成功。它帮助学生充满信心地解决问题、尝试新的方法和面对挑战。当学生相信自己能够应对困难和挑战，并取得成功时，他们的自信心会增强，自我效能感就会提升。积极的反馈和认可、适度的挑战和机会、充分的环境支持和学习指导，让学生能够体验成功和成长，从而培养起学生的自信心，更好地应对学习和生活中的挑战，并发挥自己的潜力。

正如陷入习得性无助的学生会选择"躺平"做"咸鱼"，拥有强烈的自信心的学生，会在物理学习中有更加优异的表现。自信心是学生学习物理的内在动力。当学生有自信心时，他们会更加积极地投入物理学习，充分发挥自己的潜力，提高学习效果。如果学生缺乏自信心，他们可能会感到挫败和失落，导致学习物理的兴趣和动力减少，从而影响学习效果。自信心是学生克服困难的重要因素。在学习物理的过程中，学生会遇到各种各样的困难，如概念难以理解、实验失败等。如果学生有自信心，他们就能够更好地面对这些困难，坚持不懈地努力，最终克服困难。相反，如果学生缺乏自信心，他们可能会因为遇到困难而放弃，无法取得好的学习成果。自信心还能够激发学生的创造力和创新精神。当学生有自信心时，他们会更加敢于尝试和探索，发挥自己的想象力和创造力，寻找新的方法和解决方案。相反，如果学生缺乏自信心，他们可能会害怕尝试新事物，不敢冒险，从而限制了自己的发展。

好奇心、好胜心和自信心，构筑了学生强烈的学习动机。好奇心可以激发好胜心，好胜心可以增强自信心，自信心又可以促进好奇心和好胜心的发展。

二、从理论上说

玩以致用的理论依据有很多，这里简单介绍情境学习和实践社群理论。

（一）情境学习

琼·莱夫、艾蒂纳·温格在《情境学习：合法的边缘性参与》一书中认为学习不仅仅是在个体的大脑中发生的，相反，学习是情境性的，它在很大程度上是环境的产物。情境学习强调将学习过程放在特定的实际情境中进行，要求学生在真实或模拟的环境中解决问题，从而获得知识和技能。这种学习方式着重于"做中学"，而非传统的"灌输式"教学。情境学习的目标是让学生在实践中学习并掌握知识，使学生的学习更加贴近实际生活和未来的工作环境。它强调知识的应用，而非仅仅是知识的记忆和理解。

在情境学习中，教师的角色主要是设计和引导，而学生则是学习的主动者。教师需要设计出符合学生认知水平和兴趣的学习情境，引导学生参与讨论和实践，鼓励他们主动思考和解决问题。

情境学习的优点是可以提高学生的积极性和主动性，帮助他们建立起解决问题的能力，提高他们的思维能力和创新能力。而且，情境学习可以帮助学生更好地理解和记忆知识，提高学习的效果。

（二）实践社群

"实践社群"是一个概念，主要指的是一群人共同进行某项活动或追求某项目标，通过互相协作，分享知识、经验和理解，从而共同进步，提升个体和集体的能力。在实践社群中，社群成员可以通过合作解决问题，创新思考，达成共同发展的目标。美国学者达林－哈蒙德和理查森认为，实践社群中更为重要的是人文环境：不同背景的学习者的习性、社群规范、习惯等都关系到他们的学习成效。当学习者感受到自身归属和责任的时候，他们一方面彼此信任，愿意参与其中帮助和促进其他学习者共同发展；另一方面也相互督促，促使自身不断学习，以更为专业的"头脑"思考实践与学习。实践社群大大丰富了学习者之间的体验，并可以围绕共同的实践任务和话题，形成一种社群文化，促进每一位学习者责任心的构建和专业能力的提升。

（三）游戏化教学

关于游戏化教学，国内外对于游戏化教学的研究兴趣点是不一致的。关于"Game-Based Learning"，有两种翻译，一是"游戏化教学"，二是"教学游戏化"。在中文的研究文献中，上述两种译法是混用的，其中以第一种为多。在研究方向上也有两种，一种是用游戏化手段辅助教学，另一种是将教学活动本身游戏化。相比国内，国外的研究者对于前者有更多的研究，如 Chan Kevin、Wan Kelvin 和 King Vivian（2021）、Vankúš Peter（2021）等，其中尤以 Richard Meier（2019）的研究与著述最有代表性。其主要的思路是将教学内容转化为游戏软件，或借用 VR、AR 等手段进行虚拟游戏。

国内的研究则更多地关注后者，试图将教学活动游戏化，从而提高学生的学习动机和学习效果。刘世豪（2019）研究了教育游戏黏性的来源，认为动机性刺激、沉浸式体验与本能性迎合是教育游戏黏性的主要来源。研究成果表明（张明蓉、赵洁琴、耿毅博等，2020；胡晓玲、赵凌霞、李丹等，2021；贺宝勋、张立国、庄科君，2021），游戏化教学对于提高学生学习动机、改善自我效能感、提高学习成绩等有明显的作用。其中，张明蓉、赵洁琴、耿毅博（2021）等研究发现，游戏化教学对于低成就动机组提高学习成绩的促进作用非常明显。胡晓玲、赵凌霞、李丹等（2021）研究后认为，在数学、英语、体育和医学四门学科中，游戏化英语教学和体育教学提升学生学业成绩明显有效，游戏化数学教学可能有效，游戏化医学教学效果不明。侯兰（2021）从学习科学视角提出中小学游戏化教学的设计原则，包括基于最近发展区原理的新知教学设计原则、基于学习动机原理的动机维持设计原则、基于社会建构的团队合作学习设计原则、基于精熟原理和针对性反馈原理的习题训练设计原则等，这些设计原则非常实用有效。

三、沉迷学习，如痴如醉

"玩以致用"是一种教育理念，强调通过游戏的方式来进行学习和应用知识。通过创造有趣、互动、具有挑战性和指向应用与实践的学习环境、教学游戏，激发学生的兴趣和主动性，提高他们的学习积极性和学习效果。

玩是一种学习心理状态，是一种良好的学习体验。学习应该是一种愉快和有趣的体验，而不仅仅是一种任务和义务。通过将学习内容转化为游戏、挑战和活动，可以使学生更加投入和积极地参与学习过程。玩需要一种相对安全的心理支持，学生不会因为游戏失败而受到终结性的评价和惩罚，他们可以重新设置、重新过关。玩是一种充满惊喜的冒险之旅，游戏过程中各种关卡、奖励、彩蛋，都给学生以良好的学习体验。

玩是一个学习过程，是围绕学习内容而开展的拓展之旅。将学习内容融入游戏活动和游戏规则之中，在玩中学、学中玩，以是否达到学习标准作为游戏是否过关的依据，将学与玩合二为一，让学生体验到不一样的物理学习，这是玩的要义。玩是学力、智力与毅力的综合考验，是一个技术活、艺术活。

用是玩的目的，强调学习的实际应用。通过将学习内容、游戏过程与实际生活和实际问题联系起来，帮助学生更好地理解和应用所学知识，在学中用，在用中学。这种实际应用的学习方式可以培养学生的创造力、解决问题的能力和实践能力，使他们能够将所学知识应用于实际情境中。

用同时是玩的过程，是学的手段。用的过程就是学的过程，也就是玩的过程。将生活情境、物理应用设计进教与学的游戏过程，学生在具体的情境和应用的过程中游戏、学习，从而加深对物理知识、物理规律的理解，这是一个相互促进的过程。

玩以致用，中间有一个学作为衔接。玩以致学、学以致用，不仅可以促进学生对物理知识的理解和掌握，而且可以培养他们的实践能力和创新能力，对于提高物理教学质量和效果具有重要意义。通过游戏化的方式进行学习，可以培养学生的团队合作、沟通和解决问题的能力，学生会在愉快的学习氛围中获得更好的学习体验和成果。

要在教学中实现玩以致用，应基于游戏化思维对教与学的过程进行重新设计。一是提供实物化的物理游戏，如棋牌类游戏等，帮助学生在课内、外通过小组游戏的方式完成学习；二是将游戏化因素引入教学过程，如关卡设置、竞争机制、奖励机制等。

因此，玩以致用，是指向生活实践与物理应用的游戏化学习过程。用一个简单的模型，可以将之概括为：

```
                    ┌──────────┐
                    │ 物理课程 │
                    └────┬─────┘
         ┌───────────────┼───────────────┐
         │            游戏化设计          │
    ┌────▼───┐   玩 中 学 学 中 玩   ┌───▼────┐
    │   玩   │◄────────────────────►│   用   │
    └────────┘   用 中 学 学 中 用   └────────┘
         │                               │
         └───────────────┬───────────────┘
                    ┌────▼─────┐
                    │ 核心素养 │
                    └──────────┘
```

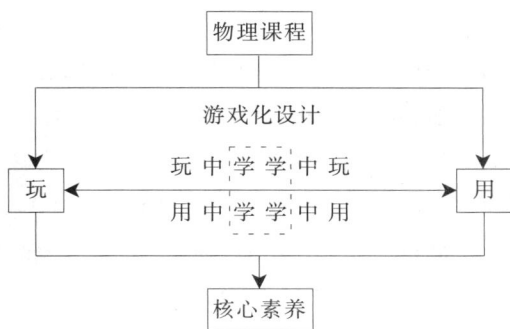

四、如何进入心流状态

在 20 世纪 70 年代，美国的一位心理学家米哈里教授发现了一个令人困惑的现象：许多人工作一天后都疲惫不堪，而有些人却可以在工作一整天后依然精神抖擞。你可能会对此感到好奇：这些人也在工作，应该会消耗大量能量，为什么他们依然精神抖擞？他们强大的精神能量究竟是从哪里来的呢？

为了寻找答案，米哈里教授开始研究那些特别有创造力的人，例如杰出的运动员、音乐家和学者等。他发现，几乎每个人都曾体验过一种精神抖擞的状态。后来，他访问了一位著名的钢琴作曲家，这位作曲家描述了自己在创作时的感受："我会进入一种狂喜的状态，感觉不到自己的存在，仿佛我的意志与我的手已不再有关联。我坐在那里，怀着崇敬与平静的心情，音乐就像自然而然地流淌出我的双手。"这种状态在 1975 年被米哈里教授首次发表，并被赋予了一个神秘的名字——心流。

那么，心流究竟是什么呢？简单来说，心流就是当你全神贯注地投入一项活动中时，会感到时间仿佛停止了，甚至完全意识不到自己的存在。这种状态通常发生在艺术、运动、下棋等需要高度集中注意力和技能的领域中。在这些领域中，心流可以帮助人们进入一种极度专注的状态，从而在精神上获得愉悦和满足感。

因此，米哈里教授认为，通过控制自己的意识，降低"精神熵"，也就是减少内心的混乱程度，使注意力高度专注于实际目标，知行合一，就能体会到学习的最优体验，进入心流状态。当我们处于心流状态时，我们会感到时间仿佛停止了，因为我们完全沉浸在所做的事情中，忘记了周围的一切。同时，我们也会感到精神上的愉悦和满足感。因为我们的所有心理能量都集中在一个目标上，而其他无关的一切都被抛诸脑后。这时候，我们的意识就像一条并然有序、奔流向前的大河。

米哈里教授引用了一位攀岩者的自述来描述心流状态：

"越来越完美的自我控制，产生一种痛快的感觉，你不断地逼身体，发挥所有的极限，直到全身隐隐作痛，然后你会满怀敬畏地回顾自我，回顾你所做的一切，那种佩服的感觉简直无法形容，它带给你一种狂喜，一种自我满足，只要在这种战役中战胜过自己，人生其他战场上的挑战也就变得容易多了。"

在学习时，什么情况才最容易产生心流呢？

我们什么时候学习最痛快？就是学习时伴随全神贯注、完全忘记时间的感觉，就像整个人被吸进去了一样。这种情况，就是我们所说的心流状态。那么，怎么样才能进入这种状态呢？

首先，你需要找到一个目标明确、有挑战性的任务，这样你就能在做的过程中感受到成就感。太简单的任务会让你觉得无聊，太困难的任务又会让你感到焦虑。所以，找到一个难度适宜的任务就很重要了。

怎么才算难度适宜呢？就是你在做任务的时候既有"好像还可以再努力一点"的感觉，又有"但也不是完全没思路"的体验。这样一来，你在解决问题的过程中就能感受到进步和成就感，从而进入心流状态。

而且，你可能需要反复穿梭于"厌烦区"和"焦虑区"，也就是交叉做一些简单和困难的任务，让自己对这个区域的熟悉度提高，以后你就可以更加自如地在心流区域里面待着，进步也会来得更猛烈些。

这种心流的感觉跟那种简单的享乐可不一样。虽然刷短视频、看电视等活动也让人感到快乐，但这种快乐是短暂的，看完之后往往会有一种空虚和无聊的感觉。但是，当你全神贯注地学习某个东西时，你能感受到真正的进步和成长。虽然挑战也会让人感到压力，但这种压力带来的感觉是正面的，它可以让人有更强的动力去挑战更高难度的任务。

五、万物归于核心素养

物理观念、科学思维、科学探究、科学态度与责任，是物理学科核心素养的四个维度。物理知识相对于物理观念，更强调学科本位，是物理事实、物理概念、物理规律以及物理方法的集合，在一定程度上是割裂的、表观的。物理观念则直接指向生活实践与物理应用，是具体情境的物理模型与物理抽象，也是物理知识的实践模型和应用具象。物理观念与物理应用是一体两面、相互转化的。玩用结合、玩以致用的游戏化教学，可以激发学生的科学思维，驱动科学探究，形成物理观念，从而促进科学态度与责任的生长。

玩以致用的游戏化教学作为一种创新的教学方法，对于初中物理学习中的学生学习动机有着显著的提高作用。以游戏的形式呈现传统的教学内容，可以有效激发学生的学习兴趣和参与度，进而增强他们的学习动机。游戏化教学为学生提供了一个具有挑战性和娱乐性的学习环境。在游戏化的物理学习中，学生参与其中的过程更像是在进行一场有趣的游戏，而非枯燥的知识摄入。这种学习环境激发了学生的好奇心和求知欲，使他们更加积极主动地去学习和探索。学生们通过解决问题、完成任务等方式，不断获得成就感和奖励，这种通过游戏获得的满足感进一步激发了他们的学习动机。游戏化教学为学生提供了实践和互动的机会。学生可以通过过关、竞争、合作等方式亲身参与物理学习，去探索物理规律。这种实践性的学习方式为学生提供了更多的互动和体验机会，激发了他们学习的主动性和积极性。

通过游戏中的任务和挑战，学生需要运用所学的物理知识来解决问题，这种实践性的学习方式能够培养学生解决问题的能力，激发其灵活思维。

游戏化教学提供了积极的学习环境，使学生在玩游戏的过程中不断接收反馈和奖励，激发他们的学习动力和积极性。学生在游戏中通过不断尝试和实验，发现错误并获得奖励，从而产生学习的乐趣和成就感。这种正向的学习环境能够有效地激发学生的学习兴趣，提升学生的自我效能感，并提高学习效果。

游戏化教学还能够提高学生的合作和沟通能力。在游戏中，学生常常需要与其他同学合作完成任务，共同解决问题。这种合作性的学习方式既能够培养学生的团队合作精神，又能够提高他们的沟通能力和交流能力。通过与他人的合作，学生能够互相协作，相互学习，共同进步。

当然，在进行教学的游戏化设计时，应该避免两个倾向：过度娱乐化与过度功利性。

玩以致用的游戏化教学，归根结底是一种教与学的方式，游戏是外衣，学习是根本。游戏应当为教学内容服务，而不是喧宾夺主。否则，学生可能会只注重游戏的娱乐性，而忽视了知识的学习。他们可能会过度关注游戏目标的完成，而忽略了其中蕴含的物理原理和概念。这种情况下，即使他们在游戏中取得了较好的成绩，但在知识掌握上并没有实质性的提升。

玩以致用的游戏化教学，需要提供必要的反馈与奖励，但物化奖励容易导向一个极端：学生可能会过度依赖游戏的反馈和奖励，将获得奖励作为参与游戏的目的，而不是聚焦于学习本身，久而久之，学生对物理学习内容本身失去兴趣，一旦外部奖励停止，学习活动就停止了。因此，教师在设计的时候，就应当把可能出现的问题考虑在内，引导学生关注学习内容本身，而非游戏提供的娱乐和奖励。

第四章　玩以致用的实现：教与学的游戏化设计

一、游戏为什么好玩

在公园里随意丢垃圾，是一个很难整治的问题。清洁工人捡拾丢弃在各个角落的垃圾要花费大量的时间。为了解决这个问题，瑞典一家公园找到了一个绝佳的办法。他们对把垃圾丢进垃圾桶进行了游戏化设计，并为之设计了专用的垃圾桶。该垃圾桶高度为 1.2 米，蓝色，看起来与普通垃圾桶无异。然而，当游客向其投掷垃圾时，会听到一种奇特的声音，宛如物体从高高的悬崖坠落数秒后落地"砰"的一声。游客们一开始面露惊愕与疑惑之色，随着"砰"声响起，他们则转变为惊喜的微笑。许多游客为了体验这种声音，甚至会四处寻找垃圾投入其中。

我们都知道，爬楼梯是一个很好的锻炼方式，但大多数人更倾向于使用舒适的自动扶梯。然而，Z 市假日广场的楼梯却不一样，每天都有大量的顾客专门去走楼梯。设计者把楼梯变成了一个巨大的电子钢琴，每一级台阶都对应钢琴上的一个键，沿着阶梯走就会听到"琴键"发出的不同声音。这一举措导致多数的顾客都选择走楼梯。这些顾客不仅锻炼了身体，而且享受到了这个过程中带来的乐趣。

这就是游戏化带来的改变。在物理教学中，我们也可以进行游戏化改造，将学习过程变成有趣的游戏过程。

游戏化教学是通过将游戏元素和机制应用于教学过程，以增强学生参与度和兴趣的一种教学方法。游戏化教学的原理基于行为主义学派的学习理论，强调学习是一种积极的、动态的行为，学生通过与环境的互动来获取知识和技能。游戏化教学着重设计活动和任务，通过设置目标、提供反馈和奖励，激发学生的学习动机和参与积极性。

需要澄清的是，关于游戏化教学，有两种不同的路径。一种是将教学元素、教学内容与电子游戏相结合，通过电子游戏的方式来完成学习；一种是运用游戏化思维，将游戏化元素运用于常规教学流程之中，以游戏化的教学活动来完成学习。这里说的游戏化教学，专指后一种。

在游戏化教学中，教师可以利用游戏中的竞争、合作、挑战、奖励等元素来激发学生的学习兴趣。游戏化教学还注重情境创设，将学习任务融入游戏情节之中，使学生能够在游戏中体验真实世界的问题和挑战。此外，游戏化教学还强调学生的自主性和控制权，鼓励学生在游戏中进行探索和实验，培养他们的创造力和解决问题的能力。

与传统教学相比，游戏化教学在激发学生学习兴趣和提高学习动机方面具有独特的优势。传统教学往往以教师为中心，注重知识的传授和学生的被动接受。而游戏化教学则通过引入游戏元素，将学习过程变得更加活跃和有趣，使学生更加主动参与和探索。

游戏化教学还可以提供更加个性化的学习体验。传统教学中，教师很难满足学生个体的差异。而游戏化教学可以根据学生的能力和需求，提供不同难度和挑战等级的游戏任务，使每个学生都能够在适合自己的学习环境中获得进步。这是一种特殊的"玩"的过程。

玩用结合、玩以致用的游戏化教学还可以加强学生对知识的理解和记忆。在游戏中，学生需要通过解决问题和完成任务来获得胜利或奖励，这要求他们不仅仅掌握表面的知识，还需要深入理解和灵活运用。同时，游戏中的反馈和奖励机制可以强化学生的记忆和巩固学习成果。

游戏化能够提供一种不同于常规学习的良好的学习体验。这种体验主要来源于游戏化教学的以下特点：

（1）学习的使命感。只有当学生意识到他的学习能够给他人或世界带来可见的改变时，学习的使命感才能够有效地建立起来。这是游戏化教学的长处。

（2）允许失败并提供多次尝试的机会。这样就可以在一定程度上减轻学生的学业压力，改善学生的学习体验。

（3）个性化、阶梯性与挑战性。标准化、程式化、齐步走的教育给学生的体验是相当糟糕的。游戏化教学可以在一定程度上克服这个问题。

（4）及时的奖励与反馈。真正有效的反馈和奖励，应当及时而且明确，而这正是游戏的最大特点。

（5）竞争与合作。游戏化教学鼓励学生以"打团战"的形式参与学习，学生的体验是比较好的。

（6）自我决策。游戏的过程依靠自己决策，全程是自己把控的，参与游戏者会对结果负责。但是学习的过程则相反，这种被动性是学习体验不佳的原因之一。

（7）规则的确定性。游戏的规则是非常明确的，怎样才算胜利、通关，怎样才能进阶、升级，需要提前明确。

（8）多样性与趣味性。相比于常规学习过程中的单调乏味，游戏过程中总有许许多多的趣味性元素，例如意料之外的游戏彩蛋、精彩纷呈的故事情节、千变万化的皮肤装备、惊喜不断的通关奖励，都让学生进入一种"心流"的状态，乐此不疲。

二、游戏化设计的关键要素

游戏化设计需要明确目标，或者说是游戏的使命。但对于物理教学来说，这个目标或者说使命还要与教学目标相结合，因此教师在设计初中物理实验课程时，应先明确教学目标和学习目标，然后确定适合的游戏元素和设计原则。例如，教师可以将物理实验课程设计为一系列挑战，学生需要通过完成不同的任务来提升技能和学习知识。

游戏化设计需要关注游戏元素的选择和设计。不同的游戏元素对于不同的学习目标具有不同的影响。在初中物理实验课程中，可以选择一些常见的游戏元素，如关卡设计、奖励机制、竞争模式等。这些游戏元素可以激发学生的学习兴趣，让他们主动参与。但是在设计的时候需要注意，所有的元素都是为教学服务的，不能为游戏而游戏。

游戏化设计需要考虑任务的设置和规则的设计。任务的设置应该具有一定的挑战性，既能够激发学生的求知欲和好奇心，又不会让学生感到过度困难。规则的设计需要简洁明了，让学生清楚知道如何进行游戏和取得成果。同时，规则的设定也需要考虑学生的年龄特点和认知能力，确保游戏的有效性和可操作性。

一般来说，可以遵循下列步骤进行游戏化设计：

第一，确定教学目标。在进行游戏化设计之前，教师需要明确物理实验课程的教学目标。这包括要教授的知识内容、实验技能以及学生应该具备的思维方式和能力。只有明确了教学目标，才能有针对性地进行游戏化设计。

第二，选择游戏化设计策略。根据教学目标和学生特点，教师需要选择适合的游戏化设计策略，包括角色扮演、积分制度、竞赛等不同的形式。选择合适的策略可以提高学生的学习积极性和参与度，激发学生的学习兴趣。

第三，制定游戏规则和奖惩机制。游戏化设计的关键在于制定明确的游戏规则和奖惩机制。教师需要制定一套合理的规则，明确学生在游戏过程中应该如何行动、如何获取积分、如何获得奖励或受到惩罚。这样可以激发学生的竞争意识和合作精神，促进他们更好地参与到实验课程中。

第四，设计具体的游戏化任务和活动。在游戏化设计中，教师需要设计具体的任务和活动，使学生在实验过程中能够充分体验游戏的乐趣。任务和活动应该具有一定的挑战性和趣味性，既能培养学生的实验能力，又能充分调动学生的积极性。

第五，设置游戏化评价机制。在游戏化设计中，教师需要设置评价机制，对学生的表现进行评估。评价机制应该与游戏规则和奖惩机制相匹配，能够全面、客观地评价学生的实验成果和表现。通过评价机制，激励学生不断提高，从而更好地达到教学目标。

在实施游戏化设计的过程中，教师需要不断总结经验，及时调整和改进设计策略。根据学生的反馈和效果评估，教师可以对游戏化设计进行调整和优化，以获得更好的教学效果。

（一）动机与使命

动机理论，又称动机原理，是解释个体行为方向、目标和持续性的心理学理论。该理论关注个体的内在意愿以及这些意愿如何驱动和维持个体的行为。动机理论主要分为两大类：内生动机和外生动机。

内生动机，也称为内在动机，是指由个体的内在因素激发的行为动力。它反映出个体对任务的兴趣、好奇心，以及任务的挑战性或者完成任务的满足感。内生动机强调的是一种内在的驱动力，这种驱动力来自个体的内心深处，不受外部奖励或惩罚的影响。例如，一个学生对物理现象感到好奇，对解决物理问题充满兴趣，那么他就会积极主动地投入物理学习中去。

外生动机，也称为外在动机，是指由外部因素激发的行为动力。这些外部因素包括奖励、惩罚、评价、竞争等。外生动机关注的是个体行为的结果或者与他人的相互作用。例如，一个学生为了获得好的成绩或者避免被批评而努力学习物理，他的行为动力就来自外生动机。

在应用上，内生动机和外生动机在初中物理教学中各自起着独特的作用。

首先，内生动机可以提升学生对物理学习的投入度和兴趣。当学生对物理概念、现象或理论产生好奇心或兴趣时，他们就会主动寻找答案，积极参与到物理实验和问题解决中。教师可以通过设计有趣、挑战性的物理实验和问题，刺激学生的内生动机。同时，教师可以培养学生的批判性思维和创新精神，让他们从自身内部对物理学习产生热情。

其次，外生动机可以提供额外的动力，帮助学生克服学习中的困难。当学生面临困难或需要付出额外努力时，外生动机可以作为一种推动力，鼓励他们继续前进。例如，教师可以设定明确的奖励制度，如分数、赞誉或物质奖励，激励学生努力学习物理。此外，合理的竞争机制也可以提高学生的学习积极性，促进他们更深入地理解和掌握物理知识。

然而，需要注意的是，过度依赖外生动机可能会对学生的学习态度产生负面影响。如果学生只是为了获得奖励或避免被批评而学习，那么他们可能不会对学习内容本身产生兴趣，进而在奖励消失或批评减少时失去学习的动力。因此，教师在利用外生动机时，应同时注重培养学生的学习兴趣和好奇心，以实现长期、稳定的教学效果。

另外，学生的个体差异也会影响他们对内生动机和外生动机的反应。一些学生可能更容易被内生动机驱动，而另一些学生可能更依赖于外生动机。教师需要了解并尊重学生的个体差异，发挥内生动机和外生动机的优点，以最大限度地激发学生的学习热情和潜力。

此外，内生动机和外生动机并非完全独立，而是相互联系、相互影响的。一个有效的动机理论应同时考虑到这两种动机的贡献，并灵活运用以优化学生的学习效果。

内生动机和外生动机在初中物理教学中各自扮演着重要角色。教师应当理解并善用这两种动机理论，结合学生的兴趣、需求和个体差异，灵活调整教学策略，以激发学生的学习热情和积极性，提高物理教学的效果；同时，也需要深入研究和理解学生的动机机制，以更好地满足他们的学习需求和激发他们的发展潜力。

与一般人的印象不同，除了那些休闲益智类游戏以外，喜欢大型游戏的人是带着某种使命感在玩游戏的。这虽然令人意外，却是大型游戏剧本创作的必备元素。

"蚂蚁森林"就是一项出色的游戏化设计案例。"蚂蚁森林"是支付宝推出的一项具有公益性质的小游戏。当用户完成游戏规则所规定的减排行为后，可以将其换算为"能量值"。当能量值积累到一定数量后，蚂蚁金服公司会代替用户在中国北方的荒漠化地区种植一棵真实的树木。这项公益活动不仅具有一定的使命感，而且其意义已经超越了游戏本身。通过这种方式，用户可以轻松参与公益活动，这也是大部分人所向往的。

2018年10月23日，蚂蚁金服与全国绿化委员会办公室和中国绿化基金会签署了"互联网＋全民义务植树"的战略合作协议。这一合作协议旨在推动"蚂蚁森林植树证书"与国家法定的"全民义务植树尽责证书"实现互联互通。通过这种方式，用户在种植树木后可以获得一张全民义务种树的证书，从而证明其参与了这一公益活动。这一战略合作协议的签署标志着"蚂蚁森林"项目得到了更为广泛的应用和推广，同时也促进了全民义务植树的普及和发展。

在物理教学中，恰当的任务设计，可以让学生带着使命感，充满激情地投入学习之中。我们可以从芬兰的"现象教学法"中获得灵感，当学生意识到他的学习对他人、对环境带来积极的改变时，这种学习就是一种有"使命感"的学习，能够形成持续性的强烈动机。

下列举措，可以营造学习的使命感：

（1）你的作品将参加评比，并在学校宣传栏上展出；

（2）你提交的方案，将会交给校长，在学校领导会议上进行讨论；

（3）你的改进建议，将会提交给施工方参考；

（4）你的成果，将会被收录进学校的作品集里；

（5）你在期末考试中的分数，将会被折算成等额的人民币，由一家热心公司捐助给有需要的人；

（6）你正在参加一项挑战，有机会进入学校达人榜；

（7）你的作品，将会成为下一届学生的学习资料；

（8）我们一起维护的公众号，正在逐渐扩大影响；

（9）你正在为解决所在城市的"卡脖子"问题而努力学习；

（10）未来的社会需要一个更加优秀的你；

（11）我们将选出一个最优秀的作品，放入学校陈列馆；

…………

（二）积分、徽章、排行榜、交易市场

游戏化教学离不开积分进阶机制的设置。我们可以用不同的名称、方式，但内核都是一样的，都是对学生学习的一种量化激励机制。与积分相伴的，还有徽章（或进阶，如"青铜""白银""王者"之类的称呼）和排行榜，这些都是激励学生的常用手段。

要使用积分进阶激励学生，需要制定一套规则，如什么情况下可以加分、

什么情况下需要扣分，这个可以根据教学需要，灵活处理。

需要特别提醒的是，建议教师在实施游戏化教学的积分奖励时，建立一个交易市场，制定交易规则，可以大大增加积分的趣味性。例如，积分之间可以互赠、兑换等。

然而，过度的外部奖励，会降低游戏的吸引力。教师还要引导学生关注学习内容、游戏过程，而非外部激励。

（三）挑战性、随机性、趣味性、多样性

游戏需要有一定的挑战性，这里不仅包括学习任务，还包括完成游戏本身，这是让学生进入心流的必备条件。因此，我们需要设置阶梯式的教学目标，也需要设置循序渐进的游戏难度。

游戏过程中增加一定的随机性、趣味性、多样性，这些都是使游戏好玩的重要元素。

三、课后作业的游戏化设计

作业是学习的一环，某种程度上是影响学生学习体验的关键一环。尤其是"双减"政策落地之后，作业在减量的同时，如何增效，是一个需要我们重点考虑的问题。在学校开展校内课后服务之后，作业方面有一个重大的改变，即学生完成作业的场景，从原来的校外、课外，更多地变成了校内、课内，于是一些实践性的作业通常很难开展。因此，作业的改革存在较多的困难。基于问题解决、思维训练、实践探究和具身体验，建议将游戏化教学的要素引入作业设计与应用之中，从而改善学生的学习体验，提高学习效果，培养学生的学科核心素养。

（1）建议按照项目式学习的范式，设计项目主题和驱动性任务，完成实体作品（包括调查报告、小论文、手抄报、思维导图、模型制作等形式），设计基于学科核心素养、包含知识掌握情况的表现性评价量表。

（2）所涉及的项目主题，建议立足物理学科，围绕日常生活、工程实践、社会发展，以提高学生物理核心素养为目标，结合具体的知识学习来设计。

（3）能够在校内完成的项目，尽量设计在校内完成。

（4）一个完整的项目，建议包括课前实践、课中展示、课后作业等环节，尽量做成一个闭环，给学生完整的学习体验。

（5）日常学习过程中设计的作业，应当充分考虑可行性。既包括资源条件上的可行性，也要包括时间投入上的可行性，以短、平、快的项目为主，长期项目宜少宜精，以免给教师和学生带来困扰。

人教版初中物理教材各单元可供参考的游戏化作业包括：

单元名称		可供参考的游戏化作业
第一单元　机械运动	第1节　长度和时间的测量	（1）自制尺子，用于测量身边的各种长度，并与标准尺子进行对比。 （2）自制摆钟，用于测量各种时间，测量跑步的速度，并与体育老师的结果进行对比。 （3）制作跑马灯，用跑马灯向同学解释运动的相对性。 （4）按一定的比例绘制学校平面图并进行评比。 （5）研究我国火车与高铁的提速历史，并就未来的铁路交通提出你的设想，写成一篇报告。 （6）了解从古代到现代各种计时工具的精度，并做一份手抄报。 （7）以"我在2035"为题，写一篇科幻文章，描述未来的交通工具。
	第2节　运动的描述	
	第3节　运动的快慢	
	第4节　测量平均速度	
第二单元　声现象	第1节　声音的产生与传播	（1）自制土电话，开展隔墙传话比赛，谁能够把老师的话准确无误地传给另一位同学即为胜利。 （2）自制音乐杯，向同学进行展示，拍视频并发布到公众号或短视频平台上。 （3）自制留声机，录制一段话，向同学进行播放和展示，最优秀的作品将作为展品陈列到学校展览馆中。 （4）制作"烟幕弹"，比赛谁能够灭掉教室后面的蜡烛。 （5）自制笛子，演奏学校的校歌，向同学展示，拍摄视频并发布到公众号或短视频平台上。 （6）测量学校不同区域的噪声分布，并在学校平面图上进行标注，提出控制噪声的建议，向校长提交一份报告。 （7）了解海洋噪声污染的来源及其对海洋生物的影响，写成一份研究报告。 （8）了解常见乐器的发声原理以及音调、响度的改变与控制，做一份手抄报并在宣传栏上进行展示。
	第2节　声音的特性	
	第3节　声的利用	
	第4节　噪声的危害和控制	

（续上表）

	单元名称	可供参考的游戏化作业
第三单元 物态变化	第1节 温度	（1）用瓶子和吸管制作温度计，测量当天的气温，并与天气预报、标准温度计进行比较。 （2）自制干湿温度计，测量当天的湿度。 （3）自制双金属片温度计，向同学说明其原理，测量教室温度，并与标准温度计进行比较。
	第2节 熔化和凝固	（4）制作玻璃（或白蜡）礼品，将玻璃加热至变软，刻字雕花，做成礼品；或者将玻璃、白蜡烧至熔融状态，倒入预先制作的模具中，制作成礼品，赠送给老师和同学，其中最优秀的作品将被复制后放入班级展示柜作为装饰品。 （5）自制污水过滤器，向同学说明其原理，展示污水处理效果，拍摄视频并在公众号或短视频平台上进行展示。 （6）冰的保温比赛：设计一个质量不超过0.5kg的包装盒，放入一块10cm×10cm×5cm的冰块，到下午放学时比赛谁的未融化冰块质量更大。
	第3节 汽化和液化	（7）测量学校某一天早、中、晚不同位置的温度，并标注在学校地图上。 （8）与父母做一顿饭，并通过照片，在厨房里记录六种物态变化的例子，与同学进行分享。
	第4节 升华和凝华	（9）查找并绘制你所在城市的平均温度发展曲线，对全球变暖发表你的看法。 （10）了解你所在地区的水资源（或水污染）情况，就如何节水、循环用水提出你的建议。 （11）你所在地区的水费是多少？你赞成提高水费吗？为什么？请做一个问卷调查，并就提高水费的利弊提出你的见解。
第四单元 光现象	第1节 光的直线传播	（1）制作小孔成像演示仪，向同学进行演示。 （2）自制水透镜，尝试将一张纸点燃。 （3）制作万花筒，赠送给同学。
	第2节 光的反射	（4）自制皮影戏，向同学进行展示。 （5）做一个彩虹制造机，在教室里进行展示，拍摄视频并发布到公众号或短视频平台上。

（续上表）

单元名称		可供参考的游戏化作业
第四单元 光现象	第3节 平面镜成像	（6）自制一个反光镜，有条件的做成一个大的太阳灶，尝试点燃一张白纸。 （7）做一个问卷调查，了解同班同学最喜欢的颜色，并通过查询，了解不同颜色对人的情绪的影响，写成一个小报告。优秀作品将被发表在学校心理小报上。 （8）了解朝霞、晚霞的成因并做一张手抄报。 （9）利用平面镜做一个魔术道具，并向同学进行表演。 （10）根据《两小儿辩日》写一篇作文，用物理知识替孔子回答两个小儿的疑问。
	第4节 光的折射	
	第5节 光的色散	
第五单元 透镜及其应用	第1节 透镜	（1）做一个纸箱投影仪，投影手机上播放的视频。 （2）自制一盏光纤灯（或水光纤），向同学展示，拍摄视频并发布到公众号或短视频平台上。 （3）制作一个潜望镜，在教室里进行展示。 （4）调查学校近视学生的比例，对学生进行访谈，写出调查报告，并就如何降低近视发病率，向学校提出你的建议。你的建议将会被提交给校长并在学校领导会议上进行研究。 （5）了解眼镜店出售的各种镜片参数及其物理原理。 （6）了解光学望远镜的历史，尝试动手做一个望远镜，并参加一场看清远处小字的比赛。
	第2节 生活中的透镜	
	第3节 凸透镜成像的规律	
	第4节 眼睛和眼镜	
	第5节 显微镜和望远镜	
第六单元 质量与密度	第1节 质量	（1）在一杯水里面尽可能多地溶解食盐，测量食盐水的最大密度，并与同学进行比较。 （2）了解各种金属材料的密度及其在生产生活中的应用，写成小报告。 （3）想办法测量你的密度，并与同学进行比较，有条件的同学可以测量多种动物的密度，列一个表格来记录你的结果，尝试解释不同动物密度的差别。 （4）开展物质鉴别比赛，看谁能够鉴别出最多的金属物质，或者同学之间、小组与小组之间互相为对方提供一块金属，测出其密度，鉴别其物质。
	第2节 密度	
	第3节 测量物质的密度	
	第4节 密度与社会生活	

（续上表）

单元名称		可供参考的游戏化作业
第七单元 力	第1节 力	（1）弹力大比拼，或用握力计比较谁的握力最大。 （2）自制弹簧测力计，测量身边的力，并与标准弹簧测力计进行比较。
	第2节 弹力	（3）自制弹力小车，比赛谁的弹力小车行驶的距离更远，拍摄视频并发布到公众号或短视频平台上。 （4）平衡大挑战：使多个物体在指定位置保持平衡。 （5）自制重力小车，比赛谁的重力小车行驶的距离更远，拍摄视频并发布到公众号或短视频平台上。
	第3节 重力	（6）做一把弹弓，参加一场弹弓比赛。 （7）查询了解重力常数与什么因素有关、地球的重力常数分布情况，写下你的结论。
第八单元 运动和力	第1节 牛顿第一定律	（1）制作风扇小车，比赛谁的风扇小车行驶的距离更远，拍摄视频并发布到公众号或短视频平台上。 （2）纸桥大比拼：比赛谁搭建的纸桥可以承受更大的力，拍摄视频并发布到公众号或短视频平台上。 （3）摔不烂的鸡蛋：组织一场比赛，看谁用最轻的包装，将一个鸡蛋包装后，从四楼掉落到一楼地面，能够让鸡蛋不破，成功且包装最轻者获胜，拍摄视频并发布到公众号或短视频平台上。
	第2节 二力平衡	（4）停不下来的单车轮子：将单车（可以自备）倒置地面，拨动轮子使其空转，看谁能够让轮子转动的时间更久，拍摄视频并发布到公众号或短视频平台上。 （5）气球飞船比赛：制作气球飞船，比赛谁的飞船行驶的距离更远，拍摄视频并发布到公众号或短视频平台上。 （6）水火箭：制作水火箭，比较谁的水火箭飞得更高，拍摄视频并发布到公众号或短视频平台上。你将有机会登上学校的达人榜。
	第3节 摩擦力	（7）参加一场拔河比赛，并从物理学的角度，研究如何才能赢得比赛，写下你的建议。 （8）观察校运会各个项目中应用的物理知识，列表记录你的发现。 （9）观察自行车，研究哪些地方需要增大摩擦，哪些地方需要减小摩擦，分别是如何做的，请写成小论文。

（续上表）

单元名称		可供参考的游戏化作业
第九单元　压强	第1节　压强	（1）自制一个喷雾器，在教室里进行演示，并向同学解释其原理。
	第2节　液体的压强	（2）自制喷泉（希罗喷泉或海伦喷泉），在教室里进行演示，并向同学解释其原理，拍摄视频并发布到公众号或短视频平台上。研究海伦喷泉高度与什么因素有关，写下你的发现。优秀作品将在学校展览馆进行展览。
	第3节　大气压强	（3）鸡蛋承重比赛。 （4）自制抽水机，在教室里进行演示，并向同学解释其原理，拍摄视频并发布到公众号或短视频平台上。
	第4节　流体压强与流速的关系	（5）了解台风与大气压强的关系，写成一篇小论文，从物理学的角度提出关于防范台风灾害的建议。你的建议将会通过学校发给村委会或居委会进行参考。
第十单元　浮力	第1节　浮力	（1）自制密度计，测量植物油、酒精等液体的密度，并与标准密度计或用天平量筒测量的结果进行对比，用表格记录你的发现。 （2）开展一次纸飞机比赛，比赛谁的飞机可以飞得更远、更久，拍摄视频并发布到公众号或短视频平台上。 （3）制作会飞的直升机（纸杯飞行器），比赛谁的直升机飞得更远、更久，拍摄视频并发布到公众号或短视频平台上。
	第2节　阿基米德原理	（4）自制孔明灯或热气球（需要注意安全）。 （5）自制潜水艇或浮沉子模型，向同学进行演示。 （6）自制浮力秤，为它写一份说明书，测量身边物体的重量，并与天平或弹簧测力计进行对比。
	第3节　物体的浮沉条件及应用	（7）了解中国古代造船业的发展和郑和下西洋的历史，写下大号宝船的尺寸，估算其满载时的浮力，写成一篇小论文。你将有机会被邀请为初一年级的同学做一场专题讲座。 （8）了解我国海军航母和各种战舰的排水量和性能，列一张表格，进行对比研究。你将有机会被邀请为初一年级的同学做一场专题讲座。

（续上表）

单元名称		可供参考的游戏化作业
第十一单元　功和机械能	第1节　功	（1）百变矿泉水瓶，用一个矿泉水瓶，演示各种物理原理，比赛谁能够演示最多，拍摄视频并发布到公众号或短视频平台上。（2）列一张表格，对比一个鸡蛋和一个花盆从不同楼层坠落到地面时的机械能，针对高空坠物的危害和预防，提出你的见解，并为你所在的小区设计两条关于高空坠物的标语。你的标语将会通过学校发给小区，并注明作者的名字。（3）了解探月火箭的运行路径、月球车在月球上降落时的过程和风险点，写成小论文。（4）了解我国航天事业的发展，写成小论文。
	第2节　功率	
	第3节　动能和势能	
	第4节　机械能及其转化	
第十二单元　简单机械	第1节　杠杆	（1）制作一个杆秤或天平，测量身边常见物体的质量，并与标准秤、天平的测量结果进行对比。（2）制作简易投石机，比赛谁可以将物体抛得更远。（3）制作桥梁模型，比较谁的模型可以承受更大的力。（4）搭建可以完成指定任务的积木机器人。（5）自制抽水马桶模型，并向同学进行演示。（6）自制升降机模型，并向同学进行演示。（7）了解我国古代农具的种类和原理，列一张表格进行对比研究，写成小论文。你将有机会被邀请为初一年级同学做一场专题讲座。（8）了解工地施工中的各种机械装置，进行分类研究，写成小论文。（9）做一把杆秤，用来测量身边物体的质量，并探究如何增大测量范围。
	第2节　滑轮	
	第3节　机械效率	

（续上表）

单元名称		可供参考的游戏化作业
第十三单元 内能	第1节 分子热运动	（1）自制蒸汽轮船（或蒸汽小火车），比较谁的轮船（小火车）可以行驶得更快，拍摄视频并发布到公众号或短视频平台上。 （2）充气加热大挑战（或搅拌加热大挑战）：比赛谁能够在指定时间内达到最高温度，拍摄视频并发布到公众号或短视频平台上。
	第2节 内能	（3）自制火柴烟花，向同学进行演示（注意安全），拍摄视频并发布到公众号或短视频平台上。 （4）制作蜡烛风车，比赛谁的风车可以转得更快，拍摄视频并发布到公众号或短视频平台上。
	第3节 比热容	（5）学做咸鸭蛋，跟同学分享你的成果。 （6）用一根绳子和一段木头比赛钻木取火，看谁能够先点燃，或者在规定的时间内，用额温枪测量谁达到的温度最高。 （7）了解北方的供暖系统，制作一张手抄报。
第十四单元 内能的利用	第1节 热机	（1）了解汽车的发展历史，通过对比，讨论燃油车与电动车的优劣，写成报告。
	第2节 热机的效率	（2）找一款你喜欢的燃油汽车，写下其发动机的技术参数，并从物理学的角度说明各个参数的意义，写成一份说明书。
	第3节 能量的转化和守恒	（3）做一个蒸汽机的模型（小船或小车），并参加一场比赛，看谁的蒸汽机率先到达终点。
第十五单元 电流和电路	第1节 两种电荷	（1）用导电笔进行创意电路绘制，并赠送给你的同学，优秀作品将被复制后送入学校展览馆。 （2）自制一个电磁起重机模型，向同学展示，并说明其原理，比较谁的电磁起重机有最大的起重重量，拍摄视频并发布到公众号或短视频平台上。
	第2节 电流和电路	（3）制作校园安全用电手册，绘制学校电路拓扑图，并向校长提交你的作品，优秀的作品将会被印成小册子，赠送给全校学生。 （4）自制电热切割器，将一块塑料或泡沫切割成指定的形状。
	第3节 串联和并联	（5）开展一次找线头比赛，准备4~6根相同颜色、大小的长线，把线头按数字和字母进行编号，分别放在两个互不相见的地方，两组同学各在其中一处，不能交谈，互相看不见对方，用指定器材判断出线头编码的对应关系。

（续上表）

单元名称		可供参考的游戏化作业
第十五单元 电流和电路	第4节　电流的测量	（6）比较各种面料的布匹与皮肤摩擦起电的难易程度，列表进行对比分析。 （7）画出教室安装的电路图，标出相应的参数，并与同学进行对比。 （8）观察运油车的结构，查询了解运送汽油过程中的注意事项，写成一篇安全指南。
	第5节　串、并联电路中电流的规律	
第十六单元 电压　电阻	第1节　电压	（1）动手制作一个滑动变阻器或电位器，附上一份说明书。 （2）了解电阻器阻值的表示方法，写成一篇科普小文章，并与同学分享。 （3）用多种水果制作水果电池，用表格记录你的发现，拍摄视频并发布到公众号或短视频平台上。 （4）用溶液制作一个伏打电池，比较谁的电压更高，拍摄视频并发布到公众号或短视频平台上。
	第2节　串、并联电路中电压的规律	
	第3节　电阻	
	第4节　变阻器	
第十七单元 欧姆定律	第1节　电流与电压和电阻的关系	（1）了解电流表和电压表的结构，尝试增减内电阻，改变其量程。 （2）了解电子天平、电子秤、额温枪的原理，尝试用压敏电阻制作一个电子秤，拍摄视频并发布到公众号或短视频平台上。优秀作品将会被送入学校展览馆进行展览。 （3）写一篇小文章，介绍欧姆发现欧姆定律的过程。
	第2节　欧姆定律	
	第3节　电阻的测量	
	第4节　欧姆定律在串、并联电路中的应用	

（续上表）

单元名称		可供参考的游戏化作业
第十八单元 电功率	第1节 电能 电功	（1）了解学校使用的用电器和用电情况，估算学校一年的电费，列出你的计算依据，并与实际电费进行对比，如有较大出入，请说明原因。 （2）选取家里的一个大功率用电器，利用家里的电能表测量其电功率，与标称值进行对比。如有误差，请分析其中的原因。 （3）取一个电热水壶，用你的方法测量其电热效率，并与标称值进行对比，如有误差，请分析其中的原因。
	第2节 电功率	
	第3节 测量小灯泡的电功率	
	第4节 焦耳定律	
第十九单元 生活用电	第1节 家庭电路	（1）了解你所在的学校或社区存在的安全用电隐患，并就如何改造向校长或社区管理人员提交你的建议。 （2）通过观察，了解学校存在的用电浪费现象，并就如何科学管理，向校长提交你的建议。 （3）绘制学校的电路拓扑图，与同学进行对比。 （4）用表格列出常见电路故障的现象、排查方法和处理方法，同学之间互相交换表格，互相学习。
	第2节 家庭电路中电流过大的原因	
	第3节 安全用电	
第二十单元 电与磁	第1节 磁现象 磁场	（1）自制一个简易喇叭，向同学进行展示，尝试发出声音，拍摄视频并发布到公众号或短视频平台上。 （2）自制电流点火的小火炮，向同学进行展示（注意安全），拍摄视频并发布到公众号或短视频平台上。 （3）磁悬浮大挑战，比赛谁可以悬浮最大的质量，拍摄视频并发布到公众号或短视频平台上。 （4）用电磁继电器制作一个双路抢答器，你的作品将有机会出现在下一次的学校活动上，拍摄视频并发布到公众号或短视频平台上。 （5）自制简易发电机，向同学进行展示，看谁的发电机可以点亮一盏小灯泡，拍摄视频并发布到公众号或短视频平台上。
	第2节 电生磁	
	第3节 电磁铁 电磁继电器	

（续上表）

单元名称		可供参考的游戏化作业
第二十单元 电与磁	第4节 电动机	（6）自制一个电铃，向同学进行展示，尝试发出声音，拍摄视频并发布到公众号或短视频平台上。 （7）自制简易电动机，向同学进行展示并说明其中的原理。 （8）了解无线充电的技术原理，比较不同手机的无线充电功率，列一张表进行对比研究。
	第5节 磁生电	（9）选一款你喜欢的国产电动汽车，了解其各项参数，并就如何节省电能，提出你的建议。 （10）了解司南、指南针在中国的发明和应用及其对世界历史的影响，写成一篇小论文。
第二十一单元 信息的传递	第1节 现代顺风耳——电话	（1）自制一台简易收音机，比较谁能收到更多的电台，拍摄视频并发布到公众号或短视频平台上。 （2）制作网络信息安全手册，优秀的作品将会被印成小册子，赠送给全校同学。
	第2节 电磁波的海洋	（3）模拟电话线路连接，尝试进行通话，并向老师或同学传递指定的内容，拍摄视频并发布到公众号或短视频平台上。 （4）了解不同电子产品的辐射及其对人体的影响，就如何降低辐射的危害，提出你的见解。
	第3节 广播、电视和移动通信	
	第4节 越来越宽的信息之路	（5）了解我国的互联网产业发展历史，写成小论文。 （6）通过问卷调查，了解家长、老师和同学最常用的社交软件，列表对比，写成调查报告，向同学分享你的发现。
第二十二单元 能源与可持续发展	第1节 能源	（1）自制太阳能风车、风能发电机、温差发电装置、自制手摇发电机（选择其中一项），向同学进行展示，说明其原理，拍摄视频并发布到公众号或短视频平台上。优秀作品将被送入学校展览馆进行展览。 （2）用声控、光控、温控传感器进行创意电路设计，向同学进行展示，说明其原理，拍摄视频并发布到公众号或短视频平台上。优秀作品将被送入学校展览馆进行展览。
	第2节 核能	（3）了解你所在学校的宿舍所用的太阳能热水器的各个技术参数，选取某两天，估算其是否可以满足需求，并与实际进行对比。根据对比结果，向学校提出你的建议。

（续上表）

	单元名称	可供参考的游戏化作业
第二十二单元 能源与可持续发展	第3节　太阳能	（4）了解我国的能源结构，并就我国的能源安全问题提出你的见解，写成小论文。 （5）了解我国太阳能发电技术的发展历史以及装机量在世界上的占比，并就如何发展清洁能源，提出你的见解，与同学分享。
	第4节　能源与可持续发展	（6）关于核能的利弊及安全性，世界上有不同的声音，请你收集正、反两面的意见，用表格进行对比，并提出你的见解，与同学分享。 （7）以"2035 我在月球等你"为题，写一篇科幻文章，畅想未来你在月球的生活情景。

四、游戏化学习装备设计

（一）创意魔方

游戏材料：创意魔方（提前画好物理量、单位、物理意义、知识点等）。

游戏规则：学生通过翻转魔方，得到正确的公式、物理知识、规律等。

（二）单位换算

游戏目标：以最快的速度把手中的所有"单位"牌转换为目标单位。

游戏材料：

（1）物理量牌：长度、时间、速度、质量、电流、电压、电阻、电功率、电能、力、机械功、机械功率、机械效率、温度、面积、体积各2张。

（2）单位牌：m、s、g、A、V、Ω、N、J、W、℃、min、h、m/s、kW·h、m^2、m^3各4张。

（3）量纲牌：M、k、d、c、m、μ、n各8张。

（4）操作牌：$\times 10^9$、$\times 10^6$、$\times 10^4$、$\times 10^3$、$\times 10^2$、$\times 10$、$\times 10^{-1}$、$\times 10^{-2}$、$\times 10^{-3}$、$\times 10^{-4}$、$\times 10^{-6}$、$\times 10^{-9}$、$\times 3.6$、$\div 3.6$、$\times 60$、$\times 3600$、$\div 60$、$\div 3600$各2张。

（5）科学家牌：16 张。

游戏规则：

（1）游戏开始时，除科学家牌以外，其他牌洗乱后随机发牌。

（2）轮到某个选手时，选手可以选择使用一张操作牌进行单位换算。例如，如果选手手中有一张"m"单位牌、一张"长度"物理量牌、一张"×10^{-6}"操作牌，那么选手可以打出这三张牌，如果其他选手手上有一张"μ"量纲牌和一张"m"单位牌，即可打出这两张牌并赢得这一回合，或者该选手有其他的组合，如"n"量纲牌、"m"单位牌和"×10^{-3}"操作牌，也可以赢得这一回合胜利，但不能同时出与上一选手同样的牌。如果没有选手可以出牌应对，那么这一回合初始出牌的选手赢得胜利。

（3）每个回合胜利者，可以随机摸一张科学家牌。每张科学家牌上面有不同的分数。当所有选手都无法继续出牌时，游戏结束，科学家牌的分数相加最高的选手，即为游戏的最终胜利者。

（三）速度游戏

游戏材料：皮尺、圆形的计时器、粉笔。

游戏规则：

（1）学生在地面画出起点线和终点线。学生 A 负责设定时间，学生 B 将计时器从起点向前滚动，若滚到终点刚好响起结束铃声，则学生 B 获胜，否则学生 A 获胜，然后交换比赛。

（2）学生在地面画出起点线和终点线。学生 A 负责设定平均速度，学生 B 根据设定的速度，调试好时间，将计时器从起点向前滚动，若滚到终点刚好响起结束铃声，则学生 B 获胜，否则学生 A 获胜，然后交换比赛。

（3）学生可以用计时器和皮尺做其他游戏。

（四）物态变化游戏

游戏材料：

（1）物态变化牌：熔化、凝固、升华、凝华、汽化、液化各 6 张。

（2）现象牌：霜、雪、露、"白气"等生活中的物态变化现象共 36 张。

（3）吸放热牌：吸热、放热各 18 张。

（4）科学家牌：4 张。

游戏规则：

（1）抽乌龟：2～4 人一起打牌，随机发牌，学生如果可以拼出"现象＋物态变化＋吸放热"或"三张科学家牌"（称为"一条龙"）或"现象＋物态变化""物态变化＋吸放热""现象＋吸放热"（称为"两条蛇"），则可以直接出牌，若出错牌，则罚该名学生收起自己的牌，同时要从其他人手上抽一张牌。轮流进行，谁先把手上的牌出完即为胜利，手上留下最后一张科学家牌的学生输掉游戏。

（2）消消乐：将四张科学家牌取出，将其余纸牌洗乱，随机发牌，摆成 6×18 的方阵，如果横、竖可以拼出"现象＋物态变化＋吸放热"三张牌，即可消除；消除后，可以整行或者整列移动，并继续消除。四张科学家牌可以代替其中的任何牌，进行消除操作，直到全部牌消除为止。

（五）光现象游戏

游戏材料：

（1）光学元件：平面镜、凸透镜、凹透镜、凹面镜、凸面镜、三棱镜、玻璃砖各 2 个，激光笔 4 支，LED 发光物体 2 个，骰子 1 个，接收光屏 4 个。

（2）元件牌：14 张。

（3）任务牌：30 张。

（4）科学家牌：10 张。

游戏规则：

（1）2 人以上玩游戏。选手 A 掷骰子，根据骰子的点数，决定摸多少张元件牌。

（2）选手 A 摸元件牌，并根据元件牌，取用光学元件（不含激光笔、LED 发光物体和接收光屏）。

（3）选手 B 摸一张任务牌，交给选手 A，选手 A 需要利用手上的光学元件，在 2 分钟内完成任务牌上面的任务。完成任务后可以抽一张科学家牌。

（4）每个回合胜利者，可以随机摸一张科学家牌。每张科学家牌上面有不同的分数。游戏结束，科学家牌的分数相加得分最高的选手，即为游戏的最终胜利者。

（六）声现象游戏

游戏材料：

（1）身份牌：4 张（主公、忠臣各 1 张，反贼 2 张）。

（2）频率（音调）牌：30 张。

（3）振幅（响度）牌：30 张。

（4）音色（武器）牌：10 张。

（5）装备牌：20 张（真空罩、隔音墙、防声耳罩、共鸣箱、扬声器等）。

（6）音乐家牌：12 张。

（7）生命值牌：4 张。

游戏规则：

（1）每次有 4 名学生参加游戏，根据抽取的身份牌，分别扮演主公、忠臣和反贼，每个人再抽取一张生命值牌。游戏过程中，凡是生命值被扣光的角色，视为退出游戏。主公退出游戏，则两个反贼赢；两个反贼退出游戏，则主公和忠臣赢。

（2）主公先出牌，若有选手被扣生命值，则下一轮被扣生命值的选手出牌，否则按顺时针出牌。出牌时，需指定被攻击方，将频率（音调）牌和振幅（响度）牌同时各出一张，根据频率与振幅的乘积，被攻击方将扣除相应的生命值。

（3）攻击方可以同时使用音色（武器）牌和装备牌，改变攻击的范围和杀伤值，并改变防守的方式和效果。如共鸣箱可以使杀伤值×2，扬声器可以对所有选手造成同等的杀伤，音色（武器）牌可以使被攻击方停止摸牌一次，摸一张音乐家牌，或禁止使用防守牌一次等。

（4）被攻击方可以使用装备牌中的防守牌进行防守，如真空罩可以使攻击方的攻击对所有选手失效，防声耳罩可以使自己免受本轮杀伤，隔音墙可以为指定的选手抵御攻击等。

（5）音乐家牌可以让选手在遭受杀伤时给自己回血。

（6）若在规定时间内，主公和反贼都没有被扣光生命值，则比较主公、忠臣的生命值之和与两个反贼的生命值之和，更高的一方胜出。

（七）音速飞行棋

游戏材料：

（1）棋盘：一个 12×12 的棋盘，其中左边 1~2 列为空气区，中间 3~6 列为清水区，右边 7~12 列为钢轨区。

（2）棋子：对战双方各有声音精灵 4 个、隔音棋 4 个、回声棋 4 个、消声棋 4 个。

游戏规则：

（1）隔音棋、回声棋、消声棋均在本方的第一行排列，排列位置可以自由布局，声音精灵在清水区第二行。下棋时，目标是将本方 4 个声音精灵全部走到对方的最后一行，以到达对方最后一行的声音精灵数量为判断胜负的标准。

（2）声音精灵横向左右移动时，每次只能移动一格；在纵向方向，声音精灵只能向前，不能后退，在空气区每次只能向前移动 1 格，在清水区可以向前移动 2 格，在钢轨区可以向前移动 3 格。

（3）隔音棋、回声棋和消声棋在同一区域内左右移动时，可以一次性移动多个格子，但不能跨越区域；有棋子阻挡时，不能跨越阻挡棋子；跨越区域时，只能到达区域的边缘；在同一区域，隔音棋、回声棋和消声棋可以前后移动，但每次只能移动 1 格。当对方声音精灵与本方隔音棋紧挨时，对方声音精灵需停止移动一轮；当对方声音精灵与本方回声棋紧挨时，对方声音精灵需退后 1 格；当对方声音精灵与本方消声棋位置重叠时，对方声音精灵被消灭。隔音棋、回声棋和消声棋重合时，后下棋的一方可以把对方的棋子消灭。

（八）电路板游戏

游戏材料：

（1）电路板：1 个。

（2）电路元件：电源 4 个、电灯 8 个、电铃 2 个、导线 20 条、开关 8 个、电流表 4 个、电压表 4 个、5Ω 电阻 4 个、10Ω 电阻 4 个、0～20Ω 滑动变阻器 2 个。

（3）任务牌：30 张。

游戏规则：

学生随机抽取一张任务牌，并在电路板上使用电路元件，完成任务牌上面的电路连接任务。

（九）压强与浮力大挑战

游戏材料：

（1）属性牌：质量、重力常数、受力面积、体积、物体密度、深度、液体密度、压强值、浮力值等，共 40 张。

（2）场景牌：水平路面、水下、月球、太空等，共 20 张。

（3）任务牌：计算压强大小、压力、受力面积、浮力大小，判断压强增大或减小、物体上浮还是下沉等，共 20 张。

（4）幸运牌：答错对手不加分、答对分数 ×2 等，共 6 张。

（5）生命牌：每张牌代表 1 分，共 20 张。

游戏规则：

2 名以上选手参与游戏，先出牌的选手将属性牌、场景牌与任务牌组合成一个任务后出牌，让对方进行答题。答对的，答题人加 1 分，答错则出题人加

1 分，取一张生命牌，然后交换出题人和答题人。若本轮本方无法出题，可以放弃出牌权。若双方牌已出完，或无法再进行组合出题，则游戏结束，生命值高的选手获胜。

　　其他的教学内容，可以仿照上面的游戏设计，设计成趣味盎然、与教学内容紧密结合的教学游戏。

第五章 玩以致用的实现：游戏化教学案例

一、《机械运动》的游戏化设计

本单元是人教版物理的起始单元，其主要内容包括：长度和时间的测量及估测，参照物、机械运动及其相对性，速度的计算和平均速度测量。

物理学是一门以实验为基础的科学，而测量是各种实验的基础。了解一些测量的初步知识，掌握一些测量的基本技能，是学生学习物理的必要准备。本单元介绍的物体的长度和时间的测量是最基本的测量。学习物理，就需要从最基本的测量开始。

在自然界里，一切物体都在不断地运动。在各种各样的运动中，机械运动最普遍、最简单，学生也最熟悉。在小学数学课中，学生已经学习过计算速度和路程的问题，对这些知识并不陌生。初中物理从学习简单的运动开始，可以充分利用学生已有知识来逐步展开对物理的学习。此外，机械运动的概念及其研究方法也是后续学习其他科学课程的重要基础。

学习本单元内容，可以充分利用学生已有的知识和生活经验来逐步展开，本单元的重点是长度和时间的测量及估算、运动和静止的相对性，以及利用速度计算公式解决实际问题。运动和静止的相对性、平均速度的求法、速度与路程和时间的相关计算是教学的难点。

本单元知识的学习过程渗透了控制变量法，例如在比较物体运动快慢时让时间相同比较路程，或让路程相同比较时间。学生对知识的认识要有科学的思维方法。

（一）课标要求

（1）知道机械运动，举例说明机械运动的相对性。

（2）会根据生活经验估测长度和时间。会选用适当的工具测量长度和时间。

（3）用速度描述物体运动的快慢，通过实验测量物体运动的速度，用速度公式进行简单计算。

（二）主要知识点

（1）会使用适当的工具测量长度和时间，知道如何规范地测量长度和时间。

（2）知道测量有误差，了解误差和错误的区别。

（3）能通过日常经验、物品或自然现象粗略估测长度和时间，了解计量长度和时间的工具及其发展变化的过程。

（4）知道参照物的概念。

（5）知道运动是宇宙中的普遍现象，知道物体的运动和静止是相对的，会选择适当的参照物描述物体的运动。

（6）能用实例解释机械运动及其相对性。

（7）经历速度概念的建立过程，能用速度描述物体的运动。

（8）能用速度公式进行简单的计算。

（9）知道匀速直线运动的概念。

（10）粗略研究变速直线运动，能用平均速度描述变速直线运动的快慢。

（11）能用刻度尺测出物体运动的路程，能用停表测出物体通过这段路程所用的时间，能根据公式 $v = \dfrac{s}{t}$ 计算出物体在这段时间内运动的平均速度。

（12）能写出简单的实验报告。

（三）核心素养

（1）物理观念：

九个概念——单位、国际单位制、误差、机械运动、参照物、匀速直线运动、变速直线运动、速度、平均速度。

一个公式—— $v = \dfrac{s}{t}$ 。

（2）物理思维：

三种方法——比值定义法、图像法、控制变量法。

（3）科学探究：

两个实验——正确使用刻度尺测长度、测量平均速度。

（4）科学态度与责任：

通过平均速度的测量，经历探究过程，客观记录测量结果，感知误差的存在，体会减小误差方法的应用，养成实事求是的科学态度。

（四）游戏化设计

项目	内容
游戏任务与使命设计	（1）自制一把尺子，按一定的比例绘制学校平面图并进行评比，选择其中最好的三份作为学校文创作品的图案进行印刷。 （2）分小组绘制单位换算的百变魔方，选择其中最优秀的作品作为下一届学生的学习工具。
关卡与活动设计	（1）用自制工具，测量跑步的速度，并与体育老师记录的数据进行对比。 （2）制作跑马灯，并向其他同学说明其中的原理。 （3）制作百变魔方，绘制学校平面图。 （4）参加速度游戏。 ·游戏工具：皮尺、圆形的计时器、粉笔。 ·游戏规则： ①学生在地面画出起点线和终点线。学生 A 负责设定时间，学生 B 将计时器从起点向前滚动，若滚到终点刚好响起结束铃声，则学生 B 获胜，否则学生 A 获胜，然后交换比赛。 ②学生在地面画出起点线和终点线。学生 A 负责设定平均速度，学生 B 根据设定的速度，调试好时间，将计时器从起点向前滚动，若滚到终点刚好响起结束铃声，则学生 B 获胜，否则学生 A 获胜，然后交换比赛。 ③学生可以用计时器和皮尺做其他游戏。
随机性	将自制工具进行编号，通过随机抽签，选取测量工具参与实验。
趣味性	用自制测量工具测量上学所用的时间与速度，或测量蚂蚁的速度，比较谁能够找到速度最快的蚂蚁。

二、《声现象》的游戏化设计

声是生活中常见的现象。学生的感性素材多，可动手操作的活动多，便于激发学生学习物理的兴趣。在研究声现象时，不可避免地会用到一些运动学的知识。综合这些考虑，教材就把声现象放在全套书的第二单元介绍。

教材按照声从"源"到"接收端"的信息来安排教学活动，以科学探究的形式，让学生了解声的产生、声的传播，以及声速的知识。教材特别注重让学生通过"做""看""感受""听""思考"等多种多样的活动全方位地感知"声音"。一方面帮助学生养成善于观察、勤于动脑的习惯，锻炼学生提出问题、解决问题的能力；另一方面有利于在整个学习过程中调动学生的积极性，让他们始终感到物理是有趣、有用的。在介绍声音的特性时，可以先提一个问题，以激发他们的好奇心，鼓励他们去进一步探究声音的特性。在介绍声的利用时，尽管可以从不同的角度对声的利用进行分类，比如声在工农业生产生活等领域的应用，但这种分类对学生来讲，过于表面化，不利于把握事物的本质。现代科学认为能量和信息是客观世界里的基本要素，教材就从声可以传递能量和信息这两个角度进行介绍。这样的处理，便于学生较全面地把握声的知识。在展示声音的波形时，教材补充了一个用计算机看波形的方案，供教师选用。这个方案操作简单，便于通过投影仪向全班同学展示波形，还可以通过计算机播放不同波形的声音，让学生去听。噪声影响人们的身心健康，是当代社会的四大公害之一。因此，非常有必要向学生普及关于控制噪声的知识。基于这样的想法，教材既从物理学角度说明了乐音与噪声的区别，又从环保的角度对噪声作了说明，以提高学生保护环境的意识。

声音的产生和传播条件是本单元的基础知识，声学知识在现代科学技术中的应用十分广泛，所以对声音特性的了解就显得很重要。环境污染越来越受到社会的广泛关注，因此，噪声的危害和控制成为本单元的一个热点。在中考中，该部分知识难度较低，却是每年的必考内容，主要考查声音的产生和传播、声音的特性、声在科学技术中的应用、减弱噪声的方法等。所以，学生学习时需掌握基础知识和关注声现象与生活的联系。

（一）学情分析

（1）声现象的知识贴近学生的生活，学生能体会到学习有关声的知识是有用的，从而激发学生学好本单元的兴趣，经过第一单元的学习，学生对物理研究方法有了一定了解，在此基础上，可进一步加强学习，多做一些力所能及的小实验，并让学生试着去总结、归纳。

（2）学生在实验中有些具体操作还掌握不好，如在研究"音调与频率"的关系时，每次拨动都应控制用力大小相同，但学生很难控制，可在学生做完实验后，再让学生听录音机快放和慢放时的声音加以区分。

（3）学生对"声的利用"很感兴趣，但具体的应用还不清楚，教师要多举例，并鼓励学生多搜集相关资料，做到资源共享。

（4）在本单元中，学生会接触到开放性试题，由于刚刚接触，对学生的答案不要要求太高，只要合情合理即可。

（二）课标要求

（1）通过实验探究，初步认识声音的产生和传播条件。

（2）了解声音的特性。了解现代技术中与声有关的应用。知道防治噪声的途径。

（三）主要知识点

（1）通过观察和实验，初步认识声音产生和传播的条件，提高学生初步的观察能力并学习初步的研究方法。

（2）知道声音是由物体振动产生的。

（3）知道声音的传播需要介质，声音在不同介质中传播的速度不同。

（4）通过探究活动，激发学习兴趣和求知欲，引导学生乐于探索自然现象中蕴含的道理。

（5）了解声音的特性。知道声音的音调跟发声体的频率有关，知道声音的响度跟发声体的振幅有关，知道不同发声体发出声音的音色不同。

（6）通过实验，进一步了解和学习研究物理问题的方法。

（7）研究现实世界中丰富多彩的发声现象，使学生更加热爱科学。

（8）了解声的有关知识和应用。

（9）通过学习声在现代技术中的应用，体会科学、技术与社会的联系。

（10）了解噪声的来源。

（11）知道噪声的危害和控制噪声的途径。

（12）通过体验和观察，了解控制噪声的思路。

（13）通过学习，增强环境保护的意识。

（四）核心素养

（1）物理观念：

十三个概念——声源、介质、声速、回声、音调、响度、音色、频率、振幅、超声波、次声波、乐音、噪声。

两个辨析——音调、响度与音色的辨析，乐音与噪声的辨析。

（2）物理思维：

四种方法——转换法、类比法、科学推理法、控制变量法。

（3）科学探究：

三个实验——探究声音的产生与传播，探究影响音调高低的因素，探究影响响度大小的因素。

（4）科学态度与责任：

进行实验和记录实验现象时要尊重事实，经过对比分析得出结论，根据分析噪声的来源与防治途径，建立保护声音世界的意识，不断探究、不断学习，养成运用物理知识解决问题的习惯。

（五）游戏化设计

项目	内容
游戏任务与使命设计	（1）为下一届同学制作学习工具。 （2）用"闻声识鸟"App，寻找并记录学校一共有多少种鸟类。你的结果将作为学校环境治理的重要依据。
关卡与活动设计	（1）自制土电话，开展隔墙传话比赛，谁能够把老师的话准确无误地传给另一位同学即为胜利。 （2）开展学校最强音、最高音比赛。 （3）用"闻声识鸟"App寻找学校里鸟的种类。 （4）参与声现象游戏。 ·游戏材料： ①身份牌：4张（主公、忠臣各1张，反贼2张）。 ②频率（音调）牌：30张。 ③振幅（响度）牌：30张。 ④音色（武器）牌：10张。

（续上表）

项目	内容
	⑤装备牌：20 张（真空罩、隔音墙、防声耳罩、共鸣箱、扬声器等）。 ⑥音乐家牌：12 张。 ⑦生命值牌：4 张。 ·游戏规则： ①每次有 4 名学生参加游戏，根据抽取的身份牌，分别扮演主公、忠臣和反贼，每个人再抽取一张生命值牌。在游戏过程中，凡是生命值被扣光的角色，视为退出游戏。主公退出游戏，则两个反贼赢；两个反贼退出游戏，则主公和忠臣赢。 ②主公先出牌，若有选手被扣生命值，则下一轮被扣生命值的选手出牌，否则按顺时针出牌。出牌时，需指定被攻击方，将频率（音调）牌和振幅（响度）牌同时各出一张，根据频率与振幅的乘积，被攻击方将扣除相应的生命值。 ③攻击方可以同时使用音色（武器）牌和装备牌，改变攻击的范围和杀伤值，并改变防守的方式和效果。如共鸣箱可以使杀伤值×2，扬声器可以对所有选手造成同等的杀伤，音色（武器）牌可以使被攻击方停止摸牌一次，摸一张音乐家牌，或禁止使用防守牌一次等。 ④被攻击方可以使用装备牌中的防守牌进行防守，如真空罩可以使攻击方的攻击对所有选手失效，防声耳罩可以使自己免受本轮杀伤，隔音墙可以为指定的选手抵御攻击等。 ⑤音乐家牌可以让选手在遭受杀伤时给自己回血。 ⑥若在规定时间内，主公和反贼都没有被扣光生命值，则比较主公、忠臣的生命值之和与两个反贼的生命值之和，更高的一方胜出。
随机性	在用土电话通话过程中，由其他同学提供通话内容，要求准确无误地传达到对方。
趣味性	自制音乐杯、留声机、土电话、烟幕弹等器材，在课堂上进行展示；制作学校最强音、最高音达人榜，公布上榜名单。

三、《物态变化》的游戏化设计

本单元主要介绍了温度、物质的三态，以及三种物态之间的变化过程。通过本单元的学习，可以使学生了解温度，会正确使用常用的温度计测量温度，知道熔化和凝固，汽化和液化以及升华和凝华等自然现象中蕴含的物理知识。物态变化的现象与学生的生活联系紧密，趣味性强，没有太多定量的计算。另外，本单元涉及的科学探究活动较复杂，因此首次安排了完整的科学探究活动——"探究固体熔化时温度的变化规律"，以帮助学生科学探究，建立完整的认识，培养其良好的科学探究能力。

温度是物理学的一个基本概念。作为热学的基本测量工具，温度计在本单元的各个实验中是不可或缺的。为了帮助学生知道温度的知识和学会使用温度计，教材首先引导学生认识到仅仅通过感觉是不可靠的，从而引出使用测量工具（温度计）的必要性。其次通过自制温度计，帮助学生理解温度计的原理，并在此基础上，引入了摄氏度的概念。最后，在简单介绍温度计的量程和分度值的基础上，通过实验"用温度计测量水的温度"让学生掌握温度计的使用方法。这样的处理思路，通过展现物理知识之间的逻辑性，可以较好地帮助学生理解概念、掌握技能。

在认识温度的基础上，教材介绍了固态、液态和气态这三种常见的物质状态，并指出随着温度的变化，物质会在各种状态之间发生变化。熔化和凝固、汽化和液化是生活中很常见的物态变化过程，因此先进行了介绍。在对不同物质熔化规律的探究基础上，学生对于熔点和凝固点就有了清晰的认识，从而建立了晶体和非晶体的概念。与熔化和凝固相似，汽化和液化的课程安排也包括了实验探究，通过实验认识沸点，对实验过程进行吸、放热分析，不同的是汽化除了沸腾还有蒸发。升华和凝华的介绍虽然简单得多，但也是从实验切入的。在"STS水循环"栏目中，借助水的物态变化过程，培养学生关心环境、节约用水的意识。

本单元的主要内容有温度、温度计及其使用、熔化和凝固、蒸发和沸腾、液化、升华和凝华。由于热现象和实际生活联系密切，所以中考命题思路和类型较多，常见题型有填空题、选择题、实验探究题和简答题等。由于中考逐年注重实验操作能力和应用知识能力方面的考查，因而温度计的使用、物态变化的图像和对各种物态变化现象的科学探究仍是今后中考命题的热点。在解答题目时，要特别注意物质在发生物态变化时，需要吸收或放出热量，但晶体在熔化和凝固时、液体在沸腾时温度却保持不变。另外还要注意各学科知识的联系和应用，特别是数学知识在物理中的实际应用，要学会对各类图像进行分析。

（一）学情分析

（1）学生对本单元内容原本就有一定的基础，对一些物态变化现象并不陌生，且教学要求不高，主要是了解一些基本的规律，然后应用这些规律解决生产和生活中某些简单的问题，理解起来并不困难。所以，将培养学生的设计能力、动手实验能力和合作探究能力作为本单元的重点。

（2）对于"白气"就是"水蒸气"、摸起来热的物体温度一定高、摸起来冷的物体温度一定低等学生凭自己的主观想象、直观经验、最表层感受获得的错误信息，要及时纠正，教师可鼓励学生多搜集资料并互相交流讨论，让学生真正理解这些知识。

（3）学生虽然熟悉生活中的各种物态变化现象，但区分起来，却不知从何入手，教师可多举例，讲明分析的思路和判断的依据。

（4）有些学生在实验过程中观察不够仔细或没有耐心，教师可适当引导，如注意物态变化前后温度的变化、出现了什么现象等，让学生自己去发现、归纳，从而激发学生学习的积极性。

（二）课标要求

（1）描述固态、液态和气态三种物态的基本特征；列举自然界和生活中不同状态的物质及其应用。

（2）说出生活环境中常见的温度值；了解液体温度计的工作原理，会用常见温度计测量温度；尝试对环境温度问题发表自己的见解。

（3）经历物态变化的实验探究过程，知道物质的熔点、凝固点和沸点，了解物态变化过程中的吸热和放热现象。用物态变化的知识说明自然界和生活中的有关现象。

（4）用水的三态变化说明自然界中的一些水循环现象。了解我国不同地区的水资源状况，有关心环境和节约用水的意识。

（三）主要知识点

（1）知道温度及摄氏温度的规定。

（2）通过观察和实验，了解温度计的结构及工作原理。

（3）会用温度计测量温度。

（4）了解一些生活环境中常见的温度值，感受物理与生活的紧密联系。

（5）通过"用温度计测量水的温度"的实验，学会温度计的使用方法，体会观察和测量的意义。

（6）能区别物质的气态、液态和固态三种形态，知道物质的固态和液态之间是可以转化的。

（7）了解熔化和凝固，能用熔化和凝固的知识解释生活中的现象。

（8）知道熔化曲线和凝固曲线的物理含义，并知道晶体和非晶体的区别。

（9）通过探究实验，学生应学会用图像探究物理规律的方法。

（10）知道物质的液态和气态之间是可以转化的；了解汽化和液化，解释生活中的有关现象。

（11）能通过实验观察水的沸腾现象，了解沸点的概念。

（12）能区别沸腾和蒸发。

（13）能通过实验，用图像描述水沸腾时温度的变化情况。知道沸腾图像的物理含义，进一步体会图像在探究物理规律中的作用。

（14）通过观察碘的升华与凝华实验，了解物质的固态和气态之间是可以直接转化的。

（15）知道升华和凝华，了解升华要吸热，凝华要放热。

（16）能用升华和凝华的知识，解释生活中的现象。

（17）了解水循环过程中水的三态变化，培养关心环境和节约用水的意识。

（四）核心素养

（1）物理观念：

十五个概念——温度、物态变化、熔化、凝固、晶体、非晶体、熔点、凝固点、汽化、液化、蒸发、沸腾、沸点、升华、凝华。

两个区别——晶体和非晶体的区别、蒸发和沸腾的区别。

（2）物理思维：

两种方法——控制变量法、图像法。

（3）科学探究：

三个实验——探究用温度计测量水的温度，探究固体熔化时温度的变化规律，探究水沸腾时温度变化的特点。

（4）科学态度与责任：

通过对生活中常见现象的深入探究和理解，掌握物理规律，培养学生认识科学本质、形成探索自然的内在动力。

（五）游戏化设计

项目	内容
游戏任务与使命设计	你所在地区的水费是多少？污水处理费是多少？你赞成提高水费吗？为什么？请做一个问卷调查，并就提高水费的利弊提出你的见解。
关卡与活动设计	（1）冰的保温比赛：请设计一个质量不超过 0.5kg 的包装盒，放入一块 10cm×10cm×5cm 的冰块，到下午放学时比赛谁的未融化冰块质量更大。 （2）自制污水过滤器，向同学说明其原理，展示污水处理效果，拍摄视频并在公众号或短视频平台上进行展示。 （3）参与物态变化游戏。 ·游戏材料： ①物态变化牌：熔化、凝固、升华、凝华、汽化、液化各 6 张。 ②现象牌：霜、雪、露、"白气"等生活中的物态变化现象共 36 张。 ③吸放热牌：吸热、放热各 18 张。 ④科学家牌：4 张。 ·游戏规则： ①抽乌龟：2～4 人一起打牌，随机发牌，学生如果可以拼出"现象 + 物态变化 + 吸放热"或"三张科学家牌"（称为"一条龙"）或"现象 + 物态变化""物态变化 + 吸放热""现象 + 吸放热"（称为"两条蛇"），则可以直接出牌，若出错牌，则罚该名学生收起自己的牌，同时要从其他人手上抽一张牌。轮流进行，谁先把手上的牌出完即为胜利，手上留下最后一张科学家牌的学生输掉游戏。 ②消消乐：将四张科学家牌取出，将其余纸牌洗乱，随机发牌，摆成 6×18 的方阵，如果横、竖可以拼出"现象 + 物态变化 + 吸放热"三张牌，即可消除；消除后，可以整行或者整列移动，并继续消除。四张科学家牌可以代替其中的任何牌，进行消除操作，直到全部牌消除为止。

（续上表）

项目	内容
随机性	由其他同学提供污水，随机抽签，用自己的污水处理器处理自己抽到的这些污水。
趣味性	制作玻璃（或白蜡）礼品，将玻璃加热至变软，刻字雕花，做成礼品；或者将玻璃、白蜡烧至熔融状态，倒入预先制作的模具中，制作成礼品，赠送给老师和同学，其中最优秀的作品将被复制后放入班级展示柜作为装饰品。

四、《光现象》的游戏化设计

本单元从光的传播特点及其应用和光的色散两方面向学生展示了一个多彩的光的世界。光的传播主要包括：光在同一均匀介质中沿直线传播；光在两种介质的界面上会发生反射或折射（或二者兼有）。初中物理涉及的光的色散实际上是白光在传播过程中分解为单色光的现象。

根据学生的认知能力，本单元先利用简单的光现象引出物理问题——光是怎样传播的？然后通过实验探究，归纳、总结出光的直线传播特点、光的反射规律、平面镜成像的特点以及光的折射特点。其中，光的折射现象是下一单元学习透镜的基础。《义务教育物理课程标准（2022年版）》中，这部分的内容为：通过实验，了解白光的组成和不同色光混合的现象。人教版教材中，安排通过"演示实验"和"想想做做"等栏目让学生了解白光是由各种色光组成的。在讲可见光谱的基础上，简单介绍了红外线和紫外线及其应用。

本单元主要学习光现象及其规律，内容包括：光的直线传播、光的速度、光的反射定律、平面镜成像、光的折射规律、光的色散等知识，规律性强，实验操作方便，在实验过程中容易体现探究的思想，所以教材把这部分内容安排为探究活动。在这些活动中，学生可以从收集的证据中总结和归纳出规律性的知识，并体验科学研究的过程，受到科学研究方法的教育。其中核心知识点是光的直线传播、光的反射定律、平面镜成像特点、光的折射规律。在中考中，主要的考查点有用光的直线传播解释简单的光现象、以光的反射定律为核心的三线两角关系、平面镜成像的特点、平面镜对光的控制作用、光的折射现象及其规律。另外，正确画出光路图、应用光路图去解决问题也是应该掌握的内容。光的直线传播、光的反射常以填空、选择、作图等题型出现，光的反射、平面镜成像、光的折射也经常设计为实验探究题。由于环境污染越来越受到社会的广泛关注，光污染的有关问题将成为中考的一个新的热点。

（一）学情分析

（1）在前三个单元学习物理研究方法的基础上，学生知道了探究物理问题的基本实施程序：提出问题—猜想假设—实验检验—得出结论。此程序在今后的学习中会经常用到。在本单元学习中，要让学生认真体会此探究过程的重要性。

（2）学生刚学习入射角、反射角、折射角时，还分不清入/反/折射角和入/反/折射光线与镜面的夹角。在画光路图时会出现一些小错误，如光线忘记画箭头、法线用实线画等。学生做光学探究题时，容易出现不是利用光的反射或折射规律分析问题，而是凭自己的主观想象来下结论的现象。为此，应让学生明确概念和规律，并多加练习。

（3）光的折射是光学学习中难度较大的一部分内容，学生理解起来有点困难，教师可分步设计几个探究小问题以分解难度，此年龄阶段的学生思维活跃、求知欲强，可让学生课前观察一些生活中的光现象并制作简单的教具，激发学生的学习热情。

（二）课标要求

（1）通过实验，探究并了解光的反射定律、光的折射现象及其特点。

（2）通过实验，探究平面镜成像时像与物的关系，知道平面镜成像的特点及应用。

（3）通过实验，了解白光的组成和不同色光混合的现象。

（三）主要知识点

（1）能识别光源，知道光源大致分为天然光源和人造光源两类。

（2）了解光的直线传播，能列举光的直线传播在生活中的应用。

（3）知道光在真空中的传播速度。

（4）通过观察光在空气中和水中传播的实验现象，了解实验是研究物理问题的重要方法。

（5）了解光的反射现象，知道人能看见不发光的物体的原因。

（6）通过实验探究认识光反射的规律，了解法线、入射角和反射角的含义。

（7）通过实验了解反射现象中光路的可逆性。

（8）通过身边的事例和实验现象，能区分镜面反射和漫反射。

（9）能描述平面镜成像的特点。

（10）通过实验，探究并了解平面镜成像的特点。

（11）能通过对平面镜、球面镜的应用的了解，领略物理现象的美妙与和谐，获得"发现"的喜悦，感受科学技术对人类生活的影响。

（12）了解光的折射现象。

（13）知道光在发生折射时，光路是可逆的。

（14）能够利用所学知识解释生活中的折射现象。

（15）通过观察生活中的一些现象，知道太阳光是由色光组成的。

（16）通过实验了解太阳光是由红、橙、黄、绿、蓝、靛、紫七色光组成的，能识别光的色散现象。

（17）知道色光的三原色，色光按不同比例混合可以形成丰富的色彩。

（18）了解可见光谱，以及红外线与紫外线的应用。

（四）核心素养

（1）物理观念：

十三个概念——光源、光线、光的反射、法线、入射角、反射角、漫反射、镜面反射、光的折射、折射角、光的色散、红外线、紫外线。

四个规律——光在同种均匀介质中沿直线传播、光的反射定律、平面镜成像的特点、光的折射规律。

三种作图——光的反射作图、平面镜成像作图、光的折射作图。

（2）物理思维：

两种方法——模型法、等效替代法。

（3）科学探究：

四个实验——探究光的直线传播、探究光反射的规律、探究平面镜成像的特点、探究光折射的特点。

（4）科学态度与责任：

认识光现象与生活密切相关，激发学生学习物理的兴趣，通过对光的反射的研究，树立避免光污染、保护环境的意识。

（五）游戏化设计

项目	内容
游戏任务与使命设计	做一个问卷调查，了解同班同学最喜欢的颜色，并通过查询，了解不同颜色对人的情绪的影响，写成一个小报告。优秀作品将被发表在学校心理小报上。
关卡与活动设计	光现象游戏。 ·游戏材料： ①光学元件：平面镜、凸透镜、凹透镜、凹面镜、凸面镜、三棱镜、玻璃砖各2个，激光笔4支，LED发光物体2个，骰子1个，接收光屏4个。 ②元件牌：14张。 ③任务牌：30张。 ④科学家牌：10张。 ·游戏规则： ①2人以上玩游戏。选手A掷骰子，根据骰子的点数，决定摸多少张元件牌。 ②选手A摸元件牌，并根据元件牌，取用光学元件（不含激光笔、LED发光物体和接收光屏）。 ③选手B摸一张任务牌，交给选手A，选手A需要利用手上的光学元件，在2分钟内完成任务牌上面的任务。完成任务后可以抽一张科学家牌。 ④每个回合胜利者，可以随机摸一张科学家牌。每张科学家牌上面有不同的分数。游戏结束，科学家牌的分数相加得分最高的选手，即为游戏的最终胜利者。
随机性	任务牌、元件牌、科学家牌都为随机抽取，增加游戏的随机性。
趣味性	利用平面镜做一个魔术道具，并向同学们进行表演。

五、《透镜及其应用》的游戏化设计

透镜是上一单元"光的折射"知识的重要应用。光从空气进入透镜一侧以及从透镜的另一侧射出时各发生一次折射。对于一束平行入射光而言，光线越远离透镜主轴，出射光偏折程度越大，由此产生了会聚或发散的效果。通过本单元和上一单元的学习，学生将对经典物理学的古老分支——几何光学的基本概念和基本规律形成初步认识，能够解释生活中常见光学仪器的成像原理，了解近视眼和远视眼的成因及矫正方法，经历猜想与假设、分析与论证等探究过程并掌握相应的科学方法，为今后的学习奠定基础。

本单元主要学习透镜的初步知识及透镜在日常生活中的应用。研究透镜对光的作用和凸透镜成像规律是本单元的核心内容。透镜是照相机、投影仪、显微镜等光学仪器的重要组成部分，在生产和生活中有着极其广泛的应用。本单元中的重点考点是透镜对光的作用、透镜中的三条特殊光线、凸透镜的成像规律、透镜的应用。中考中关于透镜的焦点、焦距、主光轴等一般不单独出题，经常渗透在其他问题中，透镜对光线的作用常以作图题的形式出现，凸透镜的成像规律在中考卷中频频出现，生活中的透镜常以填空题、选择题的形式出现。

（一）学情分析

（1）学生在小学科学课上及日常生活中已接触过透镜，并且通过上一单元"光现象"的学习，对光的折射规律有了一定的认识，为本单元的学习奠定了知识和技能的基础。

（2）初中二年级的学生好奇心强，求知欲旺盛，勇于探索自然现象及日常生活中的物理知识，有将自己的见解公开并与人交流的愿望，有主动与人合作的精神，敢于提出与别人不同的观点，也勇于修正或放弃自己的观点，为透镜的学习做好了思想和心理准备。本单元可由学生自主探究学习，加深对知识点的理解。

（3）照相机、投影仪、显微镜等光学仪器在生活中的应用比较广泛，用处也比较大，也是前面所学知识的应用和拓展。但初中生对其理解不是太容易，尤其是显微镜和望远镜，因其成像原理比较抽象，也难看到内部结构。教师可采用渐进的、模拟的方法使学生打下学习的基础，并通过实验应用和作图讲解使学生对显微镜和望远镜的原理有初步的了解。

（二）课标要求

（1）认识凸透镜的会聚作用和凹透镜的发散作用；探究并知道凸透镜成像的规律；了解凸透镜成像规律的应用。

（2）了解人类探索太阳系及宇宙的历程，知道对宇宙的探索将不断深入，关注探索宇宙的一些重大活动。

（三）主要知识点

（1）认识凸透镜和凹透镜，了解透镜的焦点、焦距。

（2）通过观察，认识凸透镜对光的会聚作用和凹透镜对光的发散作用。

（3）能初步领略透镜对光的神奇作用，激发求知欲。

（4）通过实验探究，知道凸透镜成像的规律。

（5）经历探究过程，提升对证据的分析和论证能力。

（6）通过探究活动，体会实验探究活动在认识事物过程中的重要意义。

（7）了解透镜在日常生活中的应用。知道凸透镜在三种常见仪器上所成像的不同，能初步区分照相机、投影仪、放大镜的成像特点。

（8）经历制作简易模型照相机的过程，获得成功的愉悦，并初步了解照相机的成像原理。

（9）能简单描述凸透镜所成实像和虚像的主要特征。

（10）通过了解生活中多种多样的透镜，培养乐于利用所学知识解释现象的习惯，初步形成将科学技术应用于实际的意识。

（11）了解眼睛的构造，知道眼睛是怎样看见物体的。

（12）通过了解晶状体的调节过程，知道人观察远处和近处物体都能看清楚的原因。

（13）通过分析近视眼和远视眼形成的原因，了解眼镜是怎样矫正视力的，体会科学技术与日常生活的密切联系。

（14）知道用眼常识并形成爱护眼睛的意识。

（15）了解显微镜、望远镜的基本结构。

（16）尝试应用已学的透镜成像知识来解释物理现象，形成初步的问题解决能力。

（17）了解望远镜和显微镜的发展历程，关注人类探索宇宙的重大活动，体会科学技术对社会发展和人类生活的影响。

（四）核心素养

（1）物理观念：

八个概念——凸透镜、凹透镜、主光轴、光心、焦点、焦距、实像、明视距离。

一个规律——凸透镜成像的规律。

两种作图——凸透镜、凹透镜的三条特殊光线作图。

（2）物理思维：

两种方法——对比法、组合法。

（3）科学探究：

一个实验——探究凸透镜成像的规律。

（4）科学态度与责任：

通过透镜的实际应用，更深刻地理解透镜成像的规律；通过探究近视眼和远视眼的成因，知道如何保护视力；通过对一些光学仪器的原理分析，激发对科学技术的热爱。

（五）游戏化设计

项目	内容
游戏任务与使命设计	调查学校近视学生的比例，对学生进行访谈，写出调查报告，并就如何降低近视发病率，向学校提出你的建议。你的建议将会被提交给校长并在学校领导会议上进行研究。
关卡与活动设计	（1）光现象游戏。 ·游戏材料： ①光学元件：平面镜、凸透镜、凹透镜、凹面镜、凸面镜、三棱镜、玻璃砖各2个，激光笔4支，LED发光物体2个，骰子1个，接收光屏4个。 ②元件牌：14张。 ③任务牌：30张。 ④科学家牌：10张。 ·游戏规则： ①2人以上玩游戏。选手A掷骰子，根据骰子的点数，决定摸多少张元件牌。 ②选手A摸元件牌，并根据元件牌，取用光学元件（不含激光笔、LED发光物体和接收光屏）。 ③选手B摸一张任务牌，交给选手A，选手A需要利用手上的光学元件，在2分钟内完成任务牌上面的任务。完成任务后可以抽一张科学家牌。

（续上表）

项目	内容
	④每个回合胜利者，可以随机摸一张科学家牌。每张科学家牌上面有不同的分数。游戏结束，科学家牌的分数相加最高的选手，即为游戏的最终胜利者。 （2）了解光学望远镜的历史，尝试动手做一个望远镜，并参加一场看清远处小字的比赛。
随机性	（1）光学游戏中，任务牌、元件牌、科学家牌都为随机抽取，增加游戏的随机性。 （2）自制望远镜比赛中，字条的内容由其他同学提供，并进行随机抽取。
趣味性	游戏过程，以及自制望远镜字条的内容具有趣味性。

六、《质量与密度》的游戏化设计

质量是物理学的一个基本概念。根据课程标准，本单元在知识技能方面要让学生知道质量的含义，对掌握质量概念的内涵要求不高。关于引力质量和惯性质量的知识将在高中的课程中介绍，本单元的"物理广角"中也有关于这方面的介绍。

教材首先通过举例，让学生认识到世界是由物质组成的。通过让学生思考组成物体的物质有多有少，进而给出质量的初步解释，让学生对质量的大小有初步的感性认识。关于质量的测量，在第一节开篇的图中就介绍了古埃及人已经可以用"天平"测物质的多少了。那时的"天平"虽然简单，但与现在的机械天平在基本原理上是相同的。天平是测量质量的基本工具，教材介绍了托盘天平的使用方法。在仔细观察天平的构造、知道使用要求的基础上，让学生在实际测量中学习使用天平的方法。日常生活中经常用秤来称物体的质量，所以在介绍天平的使用之前就介绍了台秤及案秤，之后又介绍了电子天平。这里并不要求学生知道它们称质量的原理，只需知道它们可以称质量。

密度是在学习了质量之后引入的一个新物理量，是这一单元的核心内容。它在整个单元中起着承上启下的作用，并为以后学习压强和浮力等知识作铺垫。课程标准要求学生通过实验理解密度的概念。教材首先让学生体会到体积相同的不同物质（如木块、铝块、铁块）的质量不等，表明不同的物质在这方面的性质上存在差异。然后，让学生进行"同种物质的质量和体积的关系"的探究。利用探究结果让学生思考，同种物质的质量与体积成正比，其比值是一定的。物质不同，其比值一般也不同，这反映了物质的一种性质，从而引出密度的概念：由某种物质组成的物体的质量与它的体积之比叫作这种物质的密度。

在学习了密度的概念后，教材安排了实验"测量物质的密度"，用天平测量物体的质量、用量筒直接测量液体的体积或间接测量不规则固体的体积，最后通过公式 $\rho = m/V$ 计算物质的密度。密度作为物质的重要性质，有着许多重要的应用。在最后一节"密度与社会生活"中体现了"从生活走向物理，从物理走向社会"的理念。通过学习，学生能够运用密度知识解释一些自然现象，学会用密度知识去解决一些实际问题。

本单元教材的单元首图展示了苗族银饰舞，漂亮的苗银服饰可以引起学生的好奇：这些银白色的饰物是由什么材料制成的？我们怎样才能分辨出来？银饰可以用纯银制作，也可以用含银的合金来制作，而利用密度来鉴定物质正是这一单元要学的内容。

质量和密度知识在生产和生活中应用广泛，在后面的压强、浮力、功等单元的计算中都将用到它们。对密度这一表示物质特征的物理量的理解，对以后学习比热容也有帮助。本单元学习了两个反映物质属性的物理量——质量和密度。在基本测量方面，学习了使用天平测量物体的质量和使用量筒直接测量液体的体积或间接测量形状不规则固体的体积，进而测量物质的密度。在实际应用方面，利用质量和密度的相关知识，分析和解决一些实际问题。本单元在中考中占有重要地位，重点有质量的理解和测量，密度的理解、测量和计算。难点是对密度的理解和相关知识的应用。本单元对学生的实验能力和运用知识的能力要求较高，课程标准要求学生能灵活地分析和解决有关密度的实际问题，对密度的测量，不仅要求懂得实验原理和测量方法，而且要能根据实验原理设计实验、记录实验数据并得出实验结果。

（一）学情分析

质量的单位在日常生活中经常用到，学生并不陌生，比较容易接受；由于小学时学过体积，对于密度知识的学习，也没什么障碍。但学生对"质量和密度是物质的属性"很难理解；在单位换算中，数字大也给学习带来了一定的困难。另外，学生运用密度知识解决实际问题的能力不足，对实践应用密度知识会产生障碍。讲解时，教师可利用多媒体，多举例分析，加强这方面的训练。

（二）课标要求

（1）知道质量的含义；会测量固体和液体的质量。

（2）通过实验，理解密度的概念；会测量固体和液体的密度；解释生活中一些与密度有关的物理现象。

（3）了解人类关于物质属性的研究对日常生活和科技进步的影响。

（三）主要知识点

（1）通过分析一些实例了解质量的初步概念，知道质量的单位及其换算。

（2）通过实际操作，掌握天平的使用方法，学会用天平测量固体和液体的质量。

（3）通过观察、实验，认识质量是不随物体的形状、物态、空间位置而变化的物理量。

（4）通过使用天平的技能训练，培养学生严谨的科学态度与协作精神。

（5）知道体积测量的方法，能进行体积、容积单位的换算。

（6）探究同种物质的质量与体积的关系，体会利用比值不变反映的数量关系来定义物理量的方法。

（7）知道密度的定义、公式和单位，理解密度的物理意义。

（8）会查密度表，能联系实际运用密度公式进行有关计算，会计算不能直接测量的物体的质量或体积。

（9）会利用天平和量筒测量不同形状固体和液体的密度，体会等量替换的方法。

（10）会利用物理公式间接地测定某个物理量，进一步巩固密度的概念。

（11）在测量固体和液体密度的过程中，熟悉天平、量筒的使用技能，规范实验操作步骤，培养严谨的科学态度。

（12）通过学习温度对密度的影响，知道密度对生产和生活的重要作用，能解释密度与社会生活相关的简单问题。

（13）通过分析实例，理解密度是物质的一种性质，并能运用密度知识鉴别物质。

（14）通过学习与应用密度知识，认识物理理论在解决实际问题中的重要作用。

（15）会利用密度公式及变形式解决密度问题，并进行简单的计算。

（四）核心素养

（1）物理观念：

两个概念——质量、密度。

一个公式——$\rho = \dfrac{m}{V}$。

（2）科学思维：

两种方法——图像法、比值定义法。

（3）科学探究：

四个实验——用天平测量固体和液体的质量、探究同种物质的质量与体积的关系、测量盐水的密度、测量小石块的密度。

（4）科学态度与责任：

通过认识天平建立平等、公平、公正的意识；在使用天平和量筒的过程中，养成爱护仪器的良好品质。

（五）游戏化设计

项目	内容
游戏任务与使命设计	想办法测量你的密度，并与同学进行比较，有条件的同学，可以测量多种动物的密度，列一个表格来记录你的结果，尝试解释不同动物密度的差别。你的结果将会被展示在学校的宣传栏之中。
关卡与活动设计	开展物质鉴别比赛，看谁能够鉴别出最多的金属物质，或者同学之间、小组与小组之间互相为对方提供一块金属块，测出其密度，鉴别其物质。
随机性	待测物体由其他同学提供，可以通过随机抽取的方式进行选择。
趣味性	测量不同动物密度的过程，需要开动脑筋，充满趣味性。

七、《力》的游戏化设计

力是初中物理中较抽象的概念，力的概念是物理学中的基础知识，是学习力学的基础。学生对力的概念有清晰的认识，会对以后学习物理产生很大的作用。

本单元从学生熟悉的自然、生活、生产现象中归纳出力的概念，通过活动观察、讨论交流、实验探究让学生理解力的概念，认识力的三要素，知道重力、弹力、摩擦力的产生条件和特征。

教材中安排了几个较大的探究活动，教师要引导学生在探究过程中注意观察，锻炼学生的动手能力，学习科学探究的方法。

教材在发展空间中设计了小制作、家庭实验室和一些开放性的问题，目的是培养学生联系实际的能力和创新精神。

（一）课标要求

本单元内容属于课程标准中第三部分第二点"科学内容"的第二个主题"运动和相互作用"，是该主题下的二级主题"机械运动和力"中的部分内容。内容标准要求如下：

（1）通过常见事例或实验，了解重力、弹力和摩擦力，认识力的作用效果。探究并了解滑动摩擦力的大小与哪些因素有关。

通过实验，认识力的作用是相互的；力可以改变物体运动的方向和快慢，也可以改变物体的形状。

（2）能用示意图描述力。会测量力的大小。了解同一直线上的二力合成。知道二力平衡条件。

（二）主要知识点

（1）知道力的作用效果和三要素。

（2）会用示意图描述力。

（3）会测力的大小。

（4）通过常见事例或实验，了解重力和弹力的三要素。

（5）经历使用弹簧测力计的过程，学会弹簧测力计的使用方法。

（6）在"探究重力的大小跟质量的关系"时让学生经历进行实验、收集数据、图像处理实验数据、分析论证等方面的科学探究的过程。

（7）探究并了解滑动摩擦力的大小跟接触面粗糙程度以及接触面之间压力大小的关系。

（8）通过联系生活中的力现象，拉近学生与力学的距离，使学生获得感悟，培养其将科学技术应用于日常生活的意识。

（三）游戏化设计

项目	内容
游戏任务与使命设计	为下一届的同学制作学习工具。
关卡与活动设计	（1）用自制弹簧测力计、弹力小车、重力小车、弹弓参与比赛。 （2）参加握力比赛。
随机性	将任务做成随机卡片，通过抽签决定需要完成的任务。
趣味性	制作握力达人榜，公布上榜名单。

八、《运动和力》的游戏化设计

本单元在第一单元"机械运动"和第七单元"力"的基础上，进一步教授"运动和力"的初步知识。本单元具有承上启下的作用，既是上一单元所学力学知识的延续，又是后续"压强""浮力"等各单元的预备知识，同时更是学生在高中阶段进一步学习力学知识的基础。

运动和力是人们在生产和生活中经常接触到的物理现象。早在两千多年以前人们就开始研究运动和力的关系，直到伽利略和牛顿时代，这个问题才得以解决。运动和力的关系问题不仅深化了人类对自然的认识，而且体现了科学研究的基本方法，对人类的思维发展产生了重要影响。

我们知道，牛顿第一定律是经典力学的核心内容之一，它指出了力与运动的关系，即力不是维持运动的原因，而是改变物体运动状态的原因。教材把牛顿第一定律放在十分重要的位置，它是本单元乃至整个初、高中物理课程的基础。

本单元的单元首图展示的是跳台滑雪运动员整个身体在空中飞行的姿态。运动员在空中飞行时受到重力和空气阻力的作用。在空中飞行时，运动员身体前倾，与滑雪板几乎平行，这是为了减少空气阻力，同时能更好地运用飞行中的空气升力，延长空中停留时间，以便能跳跃更远的距离。教材利用此情境旨在引发学生思考运动和力的关系问题。

本单元知识围绕牛顿第一定律展开，教材通过演示阻力对物体运动的影响，引出牛顿第一定律。牛顿第一定律描述的是物体在不受力的作用时的理想状况；而现实世界中，不受力的物体是不存在的，由此引出物体在受力平衡时的运动情况。在测量摩擦力时，需要用到二力平衡的知识，因而把摩擦力知识安排在本单元第二节"二力平衡"中教学。

（一）课标要求

（1）能用示意图描述力；会测量力的大小；了解同一直线上的二力合成。知道二力平衡条件。分析静止在水平桌面上的杯子的受力情况。

（2）通过实验和科学推理，认识牛顿第一定律；能运用物体的惯性解释自然界和生活中的有关现象。

了解伽利略在探究与物体惯性有关问题时采用的思想实验，体会科学推理在科学研究中的作用。

能运用惯性，解释当汽车急刹车、转弯时，车内可能发生的现象，讨论系安全带等保护措施的必要性。

（二）主要知识点

（1）通过实验，确认阻力对物体运动的影响。

（2）了解建立牛顿第一定律的科学推理过程，认识牛顿第一定律。

（3）能通过生活经验和大量事实认识一切物体都具有惯性，能用物体的惯性解释生活和自然中的有关现象。

（4）依据生活经验认识平衡力和平衡状态的概念，会判断物体受到的力是否为平衡力。

（5）经历探究二力平衡条件的实验过程，归纳、总结出结论。

（6）会利用二力平衡的知识分析解决实际问题。

（7）明确力和运动的关系，并会利用力和运动的关系进行受力分析。

（三）游戏化设计

项目	内容
游戏任务与使命设计	从物理学的角度，为校运会各个项目撰写一篇如何提高成绩的建议文章，并印发给全校学生。
关卡与活动设计	（1）摔不烂的鸡蛋：组织一场比赛，看谁用最轻的包装，将一个鸡蛋包装后，从四楼掉落到一楼地面，能够让鸡蛋不破，成功且包装最轻者获胜，拍摄视频并发布到公众号或短视频平台上。 （2）参加一场拔河比赛，并从物理学的角度，研究如何才能赢得比赛，写下你的建议。

（续上表）

项目	内容
随机性	拔河队伍组建完成之后，允许比赛双方通过抽签来调换一名队员。
趣味性	摔不烂的鸡蛋、水火箭、拔河比赛等活动，充满了趣味性。

九、《压强》的游戏化设计

压强是初中物理课程中一个重要概念，它是体现压力作用效果的重要物理量之一。压强不仅和人们的生活密切相关，而且是材料力学、热力学中的核心概念。课程标准中属于理解层次的内容要求只有四条，压强是其中一条，可见压强在初中物理课程中占有重要地位。

学生在第七单元学习了力的概念，知道力的三要素，知道施力物体和受力物体，知道产生形变是力的一种作用效果。本单元第 1 节学生开始认识压力的方向和大小，明确压力是作用在受力物体的支撑面上，同样的力作用在不同的面积上，其产生的效果不同，因此有必要引入压强的概念。

教材在介绍了一般性的压强概念后，分别介绍了液体的压强和气体的压强。并进一步研究了液体中压强的特点。液体压强的内容是学生学习下一单元浮力内容的基础，气体的压强也是很重要的内容。学习过这些内容后，学生就能够明白许多生活中有关的问题。

与速度、密度的定义方法相同，压强的定义采用的是比值定义法。第十一单元"功和机械能"中学生还将学习另一个用比值定义的物理量——功率。学生形成速度、密度概念的过程，为本单元压强概念的学习打下了基础。同样，理解压强概念，反过来也有助于速度、密度概念的巩固、深化。

本单元的单元首图展示的是我国"蛟龙"号载人潜水器的照片，它于 2012 年成功潜入 7km 级深海，使我国具备了载人到达全球 99% 以上海洋深处进行作业的能力。"蛟龙"号载人潜水器标志着我国不仅在潜海的深度上达到了国际领先水平，而且在海底载人科学研究和资源勘探能力等方面也都步入了世界领先行列。

教学中通过引入"蛟龙"号载人潜水器，既可以使学生了解液体压强的应用，也能培养学生理论联系实际以及关注科技发展的意识。

（一）课标要求

本单元内容属于课程标准中第三部分第二点"科学内容"的第二个主题

"运动和相互作用"，是该主题下的二级主题"机械运动和力"中的部分内容。内容标准要求如下：

（1）通过实验，理解压强。知道增大和减小压强的方法，并了解其在生产生活中的应用。估测自己站立时对地面的压强。

（2）探究并了解液体压强与哪些因素有关。知道大气压强及其与人类生活的关系。了解流体压强与流速的关系及其在生产生活中的应用。了解铁路站台上设置安全线的必要性。

（二）主要知识点

（1）能通过实验，探究压力作用的效果与压力的大小和受力面积的关系。

（2）能描述压强概念的建立过程；能熟练写出压强公式、单位，并能用压强公式进行简单计算。

（3）会应用压强公式分析增大或减小压强的具体方法，并能解释与压强有关的物理现象。

（4）经历探究液体压强的特点的实验过程，认识液体压强与液体深度和密度的关系，能准确陈述液体压强的特点，会利用液体压强的特点解释有关现象。

（5）能熟练写出液体压强公式，并能进行简单计算。

（6）能说出连通器的特点，并能举出一些常见连通器的实例。

（7）通过观察、实验，检验大气压强的存在；能通过实例说出大气压在生产、生活中的应用。

（8）能简单描述托里拆利实验，能说出标准大气压的数量级，能说出大气压随高度变化的规律。

（9）能说出液体沸点跟气压的关系。了解活塞式抽水机的工作过程和原理。

（10）通过实验，能总结出流体压强与流速的关系。

（11）能利用流体压强与流速的关系解释升力产生的原因，进而解释飞机在空中飞行的原因。

（12）能利用流体压强与流速的关系解释生活中的有关现象。

（三）游戏化设计

项目	内容
游戏任务与使命设计	了解台风与大气压强的关系，写成一篇小论文，从物理学的角度提出关于防范台风灾害的建议。你的建议将会通过学校发给村委会或居委会进行参考。
关卡与活动设计	（1）制作喷泉（希罗喷泉或海伦喷泉），参与一场比赛。 （2）参与鸡蛋承重比赛。
随机性	在鸡蛋承重比赛中，可通过抽签来决定重物及其质量。
趣味性	比赛双方队员尝试全部踩到鸡蛋上面，鸡蛋不破，视为胜利。

十、《浮力》的游戏化设计

本单元是前三单元"力""运动和力""压强"内容的延伸。通过学习第七单元"力"，学生知道了力有大小、方向和作用点，知道怎样用力的示意图描述力，这些都为学生正确认识浮力和描述浮力奠定了基础。在第八单元"运动和力"中，学生学习了二力平衡的状态和条件，本单元中物体的浮沉条件就是二力平衡条件的具体应用之一。第九单元"压强"中，由固体的压强逐步过渡到液体的压强，最后延伸到流体的压强，这些内容为学生认识浮力、领悟物体在液体和气体中都将受到浮力的作用等奠定了基础。

本单元设有两个重要实验，一是探究浮力的大小跟哪些因素有关，二是探究浮力的大小与排开液体所受重力的关系。这两个实验侧重猜想和设计实验。通过一系列实验和推理，提出浮力的大小可能与排开液体的重力有关的猜想，进而用实验检验这个猜想，得到阿基米德原理的结论。教材的这种设计，一方面符合学生思维的逻辑；另一方面，跟前三单元实验探究所侧重的能力形成互补，促进学生科学探究能力的全面发展。

（一）课标要求

本单元内容属于课程标准中第三部分第二点"科学内容"的第二个主题"运动和相互作用"，是该主题下的二级主题"机械运动和力"中的部分内容。内容标准要求如下：

通过实验，认识浮力。探究浮力大小与哪些因素有关。知道阿基米德原理，运用物体的浮沉条件说明生产、生活中的一些现象。

（二）主要知识点

（1）通过实验认识浮力，会用弹簧测力计测量物体在液体中所受浮力的大小；能利用压强等相关知识解释浮力产生的原因。

（2）经历浮力大小与哪些因素有关的实验探究过程，认识物体所受浮力的大小与它浸在液体中的体积有关、与液体的密度有关。

（3）经历探究浮力的大小与排开液体所受重力的关系的实验过程，做到会操作、会记录、会分析、会论证。

（4）能复述阿基米德原理并书写其数学表达式；能应用公式 $F_浮 = G_排$ 和 $F_浮 = \rho_液 g V_排$ 计算简单的浮力问题。

（5）能根据二力平衡条件和力与运动的关系描述物体的浮沉条件，运用物体的浮沉条件解释生产、生活中的一些现象，认识浮力知识在生产、生活中的应用价值。

（三）游戏化设计

项目	内容
游戏任务与使命设计	（1）了解中国古代造船业的发展与郑和下西洋的历史，写下大号宝船的尺寸，估算其满载时的浮力，写成一篇小论文。你将有机会被邀请为初一年级的同学做一场专题讲座。 （2）了解我国海军航母和各种战舰的排水量和性能，列一张表格，进行对比研究。你将有机会被邀请为初一年级的同学做一场专题讲座。
关卡与活动设计	（1）开展一次纸飞机比赛，比赛谁的飞机可以飞得更远、更久，拍摄视频并发布到公众号或短视频平台上。 （2）制作会飞的直升机（纸杯飞行器），比赛谁的直升机飞得更远、更久，拍摄视频并发布到公众号或短视频平台上。
随机性	可以随机交换纸飞机进行比赛。
趣味性	在纸飞机与直升机比赛中可以增加一些干扰因素，如风扇吹风、其他飞机的拦截等。

十一、《功和机械能》的游戏化设计

能量是课程标准中科学内容的三大主题之一，这充分说明了能量在初中物理课程中的重要地位。本单元通过功、功率的教学，为学生认识能量做了铺垫。由于只要求初中学生初步认识能量概念，所以教材并未追求能量概念的严密性，而是在功的知识的基础上，直接从功和能的关系引入能量的概念——物体能够对外做功，我们就说这个物体具有能量。教材通过列举生产、生活中一些物体具有能量的实例，引出了动能和势能的概念。在此基础上，实验探究物体的动能跟速度、质量的关系，根据生产和生活中的现象说明势能大小的决定因素。认识机械能是常见的能量形式之一，了解机械能的转化和守恒，为后续学习内能以及能量转化和守恒定律打基础。

（一）课标要求

本单元内容属于课程标准中第三部分第二点"科学内容"的第三个主题"能量"，是该主题下的二级主题"机械能"中的部分内容。内容标准要求如下：

（1）知道动能、势能和机械能；通过实验，了解动能和势能的相互转化。举例说明机械能和其他形式能量的相互转化。

（2）知道机械功和功率；用生活中的实例说明机械功和功率的含义。

（二）主要知识点

（1）通过对生活实例的辨析，对做功有初步认识，区分力是否对物体做功，认识做功包含的两个必要因素；能应用公式 $W = Fs$ 进行简单的计算。

（2）通过对生产、生活实例的分析，明确功率的物理意义，能进行简单的计算，并能利用功率的概念测量生活中功率的大小。

（3）能通过实例从做功的角度描述能量；初步认识动能、势能的概念；能通过实验探究，了解动能、势能的大小与哪些因素有关。

（4）了解动能和势能的相互转化；举例说明机械能和其他形式能量的相互转化。

（三）游戏化设计

项目	内容
游戏任务与使命设计	列一张表格，对比一个鸡蛋和一个花盆从不同楼层坠落到地面时的机械能，对高空坠物的危害和预防提出你的见解，并为你所在的小区设计两条关于高空坠物的标语。你的标语将会通过学校发给小区，并注明作者的名字。
关卡与活动设计	百变矿泉水瓶：用一个矿泉水瓶，演示各种物理原理，比赛谁能够演示最多，拍摄视频并发布到公众号或短视频平台上。
随机性	在用矿泉水瓶演示物理原理的过程中，可以由其他同学或小组提出问题，现场思考如何进行演示。
趣味性	在用矿泉水瓶演示物理原理的过程中，其他同学或小组可以现场提出各种要求和疑问，需要展示小组进行回应。

十二、《简单机械》的游戏化设计

本单元是初中物理力学部分的最后一个单元，涉及前面所学的力和功的知识，具有一定的综合性。一方面，要从力的角度认识简单机械；另一方面，还要从功的角度认识简单机械。关于平衡状态，初中物理课程仅涉及二力平衡和杠杆平衡。课程标准对杠杆平衡有新的要求，即通过实验，探究并了解杠杆的平衡条件。其中既有实验探究的要求，又有知识方面的要求，而且探究杠杆的平衡条件实验被列为学生必做实验。

本单元涉及的概念有简单机械中的杠杆、滑轮（定滑轮、动滑轮、滑轮组）和机械效率（包括总功、有用功、额外功），涉及的物理规律有杠杆的平衡条件。通过本单元的学习，学生应能正确、合理地使用杠杆、滑轮，以达到改变力的大小和方向的目的；能从生活和生产实际出发，选择不同类型的杠杆、滑轮，以达到省力或方便的目的。

（一）课标要求

本单元内容包括：

课程标准中第三部分第二点"科学内容"的第二个主题"运动和相互作

用"，是该主题下的二级主题"机械运动和力"中的部分内容。

课程标准中"科学内容"的第三个主题"能量"，是该主题下的二级主题"机械能"中的部分内容。

（1）知道简单机械。探究并了解杠杆的平衡条件。

（2）知道机械效率；了解提高机械效率的意义和途径。

（二）主要知识点

（1）能识别出杠杆，并能准确找出杠杆的五要素。

（2）通过实验探究，能得出杠杆的平衡条件，并能利用杠杆的平衡条件进行相关计算。

（3）能通过实验，认识定滑轮和动滑轮的特点，并能根据需要选择合适的滑轮解决实际问题。

（4）能结合实例分析什么是有用功、额外功和总功；能说出机械效率的含义，知道机械效率是小于1的；能利用机械效率的公式进行简单的计算。

（5）通过实验了解滑轮组机械效率的高低与物体重力的大小有关。

（三）游戏化设计

项目	内容
游戏任务与使命设计	了解我国古代农具的种类和原理，列一张表格进行对比研究，写成小论文。你将有机会被邀请为初一年级同学做一场专题讲座。
关卡与活动设计	（1）制作一个杆秤或天平，测量身边常见物体的质量，并与标准秤、天平的测量结果进行对比。 （2）制作简易投石机，比赛谁可以将物体抛得更远。 （3）制作桥梁模型，比较谁的模型可以承受更大的力。 （4）搭建可以完成指定任务的积木机器人。 （5）自制抽水马桶模型、升降机模型，并向同学进行演示。
随机性	用自制的杆秤测量质量时，可以由其他同学和小组决定待测物体。
趣味性	通过比赛过程及奖品设置来增加趣味性。

十三、《内能》的游戏化设计

第十三单元"内能"相关知识涉及初中物理课程标准五大一级主题中的"能量"部分，其中内能属于二级主题。本单元在学习了"机械能"的基础上，把对能量的研究拓展到内能。教材首先引导学生学习分子动理论初步知识，并进一步用物质微观结构的知识解释了部分宏观现象，为从分子结构观点理解物体内能的本质做铺垫；然后引导学生得出内能的概念，并且在此基础上进一步探究了内能的改变；接着从内能的改变引入热量的概念，通过探究不同物质的吸热能力，从中引出比热容的概念；最后理论联系实际，推导出热量的计算公式。本单元还是学习后面热机、热机效率等内容的基础。

本单元分为以下3节。

第1节"分子热运动"：由于分子尺度比较小，看不见摸不着，不利于研究，因此首先从宏观的物理现象入手，由宏观物理现象间接推断出分子热运动的情况，使学生对微观世界产生初步的认识和了解，以激发学生学习物理的兴趣。

第2节"内能"：分子的内能比较抽象，难于理解，学生的思维水平也比较有限，为此，将分子的动能、势能与机械能类比，使抽象的问题形象化。至于内能的改变则用生活事例进行分析，让学生结合自己的感受来掌握改变内能的两种方式。

第3节"比热容"：比热容概念的建立是本节课的重点，为此先从比较物体的吸热能力入手，经历实验过程，理解物质不同，吸热本领不同的物理意义；然后介绍比热容的应用，加强与生活的联系；最后推导出物体吸、放热的公式。

本单元的重点是内能的改变，比较物体吸、放热的能力，热量的计算等内容；难点是对分子运动、内能、比热容等概念的理解。

本单元内容的教学，要注意以下方式：

（1）在教学中要注意联系学生的已有经验和社会生活实际，开展有效教学。

本单元内容特别强调联系学生日常生活，联系社会实际。如在学习"分子热运动"时，通过生活中的扩散现象，引导学生从宏观角度出发，运用推理来感知一切物质的分子都在不停地做无规则运动；然后通过演示实验和类比的方法，引导学生从身边的自然现象了解分子之间存在着相互作用力；接着在此基础上分析、归纳出内能的概念，再通过探究生活中改变内能的方法的活动并结合分子动理论得出感性和理性理解；最后从日常生活常识出发，讨论并探究比热容以及应用比热容去解释生活中的一些热现象。这样就能较轻松、有效地将本单元的难点解决。同时要让学生在接近实际情境的实践活动中去解决物理问题，体会物理与社会生活的关系，懂得物理的真正价值，提高他们参与社会生活的能力，达到"从生活走向物理，从物理走向社会"的教学目标。

（2）积极引导学生进行自主合作学习，体验知识形成的过程。

在本单元中教材设计了许多学生活动（部分还提供了学生分析和思考的范例或素材），而不是把分析思考后得出的结论直接呈现在教材中，其意在促进学生的主动学习和探索。探究学习强调学生的自主性，但并不能忽视教师的引导。教师要有"问题"意识，以问题为核心，适时、有效地引导学生亲历探究过程，鼓励学生"奇思妙想""提出问题"，并最大可能地让学生多做实验，使学生在探究过程中不断发现问题、提出问题，给学生自主活动提供机会和空间。比如在探究物质的吸热能力过程中，教师首先鼓励学生根据自己的实际将问题细化，补充自己的问题，如先要使什么量不变、什么量改变，怎样才能使它们不变或改变；然后在实际操作中引导学生在面对问题时自我选择和运用学习策略。教师要努力创设民主、和谐、自由的教学氛围，循循善诱，联系学生生活实践，激发学生学习兴趣，让他们真正体验到知识获取的过程。

（3）注重物理科学方法的教育。

本单元教学中，在讲由扩散现象猜测分子的热运动时，用到了推理、分析法；在讲解分子内能时，将物体的内能与物体的机械能进行类比，使学生易于理解，此处用到了类比法；在探究物体吸热的本领时，为得到物体不同吸热本领不同的结论，需对实验表格中的数据进行分析，这里用到了数据分析法。科学方法教育有利于培养学生的综合能力，为以后解决实际问题奠定了基础。有时，方法比知识本身更重要。

（4）在教学过程中要创造性地运用教材，真正落实课程目标。

教材为学生提供了大量自由阅读的材料，大多短小精悍，生动浅显，但有些素材，如地球的温室效应，对学生的自学能力有一定的要求。这些材料综合性都比较强，在教学中主要让学生自学，少数内容也可以根据需要在课堂上有选择地涉及，不必每处都讲。其目的，一是引导学生接受这样的现实，即生活中，我们所不知道的，甚至永远不可能弄懂的东西太多了；二是引导学生从许多不懂的材料中找出能够理解的那部分并加以利用；三是引导学生设法弄懂自己不懂但又很感兴趣的内容。在教学过程中可以根据本校本班学生情况，在课程标准的基础上，进一步拓展某些学习内容的广度和深度，从而更加关注并发展学生的个性和兴趣。

（一）课标要求

（1）知道常见的物质是由分子、原子构成的。

（2）知道原子是由原子核和电子构成的，了解原子的核式结构模型；了解人类探索微观世界的大致历程，关注人类探索微观世界的新进展。

（3）知道自然界和生活中简单的热现象；了解分子热运动的主要特点，知道分子动理论的基本观点。如观察扩散现象，能用分子动理论的观点加以说明。

（4）举例说明自然界存在多种多样的运动形式；知道物质在不停地运动。

（5）通过实验，了解比热容。能运用比热容说明简单的自然现象。

（二）主要知识点

（1）认识分子热运动，知道分子热运动跟温度有关。

（2）了解什么是内能，知道温度是内能的标度；学会辨别改变内能的两种方式。

（3）知道比热容的概念及单位，会用热量公式进行简单计算。

（4）通过观察和实验，初步了解分子动理论的基本观点，并能用其解释某些热现象。

（5）通过生活事例，能辨别改变物体内能的两种方式。

（6）经历探究物体吸热能力的过程，了解比热容的概念，尝试用比热容解释简单的自然现象。

（7）激发学生的学习兴趣和对科学的求知欲望，使学生乐于探索微观世界和日常生活中的物理学道理。

（8）利用探究性学习活动，培养学生的实践能力和创新精神，培养解决问题的能力。

（9）通过比热容的实际应用，认识理论与实际的密切联系，形成理论联系实际的学风。

（三）游戏化设计

项目	内容
游戏任务与使命设计	学做咸鸭蛋，从科学的角度，向父母解释腌咸鸭蛋的原理，并提出改进方法。
关卡与活动设计	（1）自制蒸汽轮船（或蒸汽小火车），比较谁的轮船（小火车）可以行驶得更快，拍摄视频并发布到公众号或短视频平台上。 （2）充气加热大挑战（或搅拌加热大挑战）：比赛谁能够在指定时间内达到最高温度，拍摄视频并发布到公众号或短视频平台上。 （3）用一根绳子和一段木头比赛钻木取火，看谁能够先点燃，或者在规定的时间内，用额温枪测量谁达到的温度最高。
随机性	将任务进行编号，通过随机抽签，选取任务参与实验。
趣味性	尝试互相之间设置一些障碍和干扰，看是否依然能够达到目标。

十四、《内能的利用》的游戏化设计

第十四单元"内能的利用"是第十三单元"内能"的拓展与延伸，同时从机械能转化拓展到各种能量的转化，进一步从机械能守恒延伸到所有能量的守恒。本单元的内容涉及初中物理课程标准三大一级主题之一的"能量"，其中"能量、能量的转化和转移""内能""能量守恒"等为二级主题。关于内能的基础知识，学生在第十三单元已经学习过，对于能量的转化与守恒的进一步应用——能源与可持续发展，将在第二十二单元中继续学习。

本单元的课程标准要求如下：①通过实例认识能量可以从一个物体转移到另一个物体，不同形式的能量可以相互转化；知道做功的过程就是能量转化的过程。②知道能量守恒定律；能举出日常生活中能量守恒的实例；具有用能量转化与守恒的观点分析物理现象的意识。③通过能量的转化和转移认识效率。

本单元先从热机入手，让学生知道人们除了利用内能来取暖、加热之外，还可以利用内能来做功，把内能转化成机械能来为人们服务。学生通过学习热机，丰富了对能量的转化的认识，体会到物理知识对经济技术发展和生活的重要作用。热机的效率是从另一个方面让学生学习与体会能量的转化与守恒，同时还可以培养学生的节能与环保意识。最后一节"能量的转化和守恒"，则从能量观点对第十三单元、第十四单元及以前所学物理知识进行综合。

本单元共分 3 节。

第 1 节 "热机"：本节是在学习内能的基础上，介绍热机的工作原理。热机属于应用性知识，它是工农业生产和交通运输中广泛使用的动力设备，与生产、生活有密切的联系。热机的学习对学生将来的发展有着重要的现实意义，同时还可以使学生了解物理知识在经济技术发展和生活中发挥的重要作用。本节演示了通过做功把内能转化成机械能的过程，直观地展示了热机中能量转化的基本过程，并通过介绍四冲程汽油机的基本工作过程，展示了热机是如何持续做功的。了解汽油机的基本工作原理是本节的教学重点。

第 2 节 "热机的效率"：本节是上一节的延续，介绍了热值及热机效率的概念。本节通过讨论得出热值的概念，进一步分析热机效率不同的原因，最后通过 STS 介绍了热机的发展以及热机对人类社会发展的作用。从内容和结构上看，本节也是在为下一节 "能量的转化和守恒" 做铺垫。

第 3 节 "能量的转化和守恒"：可以说，本节是对初中物理课程标准三大一级主题之一的 "能量" 的观点进行的一次综述。教材先通过动手做小实验来反映不同现象之间的联系，向学生初步揭示能量概念的物理实质，再通过讨论及列举生活中的实例，分析出能量既不能凭空消失，也不会凭空产生，只能转化或转移，进而得出能量的转化和守恒定律。

本单元的重点是第 1 节 "热机"，重点内容有热机的工作原理、能量的转化和守恒定律，要求学生能够利用能量的转化和守恒定律解释热机的效率。

本单元内容的教学，要注意以下方法：

（1）教学中必须注意理论联系实际，体现 "从生活走向物理，从物理走向社会" 的理念。

热机是生产与生活中广泛使用的动力设备，在教学中要注意理论联系实际。有条件的话可以让学生到汽车修理厂观察内燃机的构造与工作过程，通过听声音判断内燃机的转速、工作冲程等情况。在教学中要重点分析四冲程汽油机的工作过程，展示热机是如何把内能转化成机械能并连续对外做功的。通过内燃机和热机效率的学习，让学生了解有效利用燃料和减少燃料造成的环境污染的重要性。

（2）通过能量守恒定律的教学，让学生注重自然界的普遍联系。

能量守恒定律是自然界最重要的规律之一，要从两个方面让学生认识与理解它。一是能量之间相互转化，反映出自然界各种现象之间的内在联系；二是通过能量守恒，认识自然界中的能量与物质均不会无中生有。学生在学习中可以充分利用自己已有的知识，对生活中的能量转化实例进行具体的分析，同时理解能量守恒定律的普遍性，从能量的角度体会自然界的普遍联系。

（3）注重培养学生利用各种渠道收集信息的能力。

课程标准注重的是知识形成的过程，因此结论需要通过学生的讨论得出，再由教师指点修正完善，而不应图方便直接给出结论。由于课堂上不大可能展示热机实物，学生只能通过挂图或模型来学习热机的工作原理，相比生活中的实物来说，学生需要通过讨论来认识它的工作过程，因此学生之间的相互交流是获得信息的重要手段之一。同时，由于学生对本单元内容缺少直接的生活经验，可以让他们利用互联网、图书馆等来收集相关信息，通过知识的延伸应用等方式加深对知识的理解，扩大眼界。

（4）通过对热机效率的学习，培养学生的节能和环保意识。

热机效率的高低，并不仅仅是简单的消耗汽油或柴油多少的问题；可以通过能源消耗的快慢培养学生的节能意识，通过提高热机效率的方法培养学生的环保意识。

（一）　课标要求

（1）了解能量及其存在的不同形式；能描述不同形式的能量和生产、生活的联系。

（2）通过实验，认识能量可以从一个物体转移到其他物体，不同形式的能量可以相互转化。

（3）从能量转化的角度认识燃料的热值。

（4）了解热机的工作原理；知道内能的利用在人类社会发展史中的重要意义。

（5）知道能量守恒定律；列举日常生活中能量守恒的实例；形成用能量转化与守恒的观点分析问题的意识。

（6）从能量转化和转移的角度认识效率。

（二）　主要知识点

（1）了解四冲程汽油机的工作原理。

（2）知道内能的利用在人类社会发展史上的重要意义。

（3）认识燃料的热值，从能量转化的角度认识热值的意义。

（4）通过能量的转化和转移认识热机的效率。

（5）知道能量守恒定律，能举出日常生活中能量守恒的实例。

（6）能用能量守恒定律分析并解释生活中有关能量的转化与转移的物理现象。

（7）经历演示实验的过程，使学生了解可以利用内能来做功。

（8）利用汽油机的工作模型或挂图来认识四冲程汽油机的工作原理，使学生了解内燃机是怎样工作的。

（9）经历讨论交流的过程，让学生了解燃料的热值和热机效率。

（10）经历探究性实验的过程，使学生发现与体会各种形式能量之间的联系，认识各种形式的能量可以相互转化。

（11）通过学生讨论，体会能量不会凭空消失，只会从一种形式转化成另一种形式，或从一个物体转移到另一个物体。

（12）通过实验演示内能可以做功，培养学生观察与分析问题的能力。

（13）通过上网或浏览图书，让学生认识热机在生产生活中的应用，扩展知识面。

（14）通过对能量的转化和守恒的学习，为建立科学的世界观和科学的思维方法打下基础。

（15）通过对热机和能量的转化的学习，锻炼学生分析与解决问题的能力。

（三）游戏化设计

项目	内容
游戏任务与使命设计	学习本单元期间，同步阅读《时间简史》，并在分享会上探讨关于时间本质和宇宙未来的图景，发表你的看法。
关卡与活动设计	（1）了解汽车的发展历史，通过对比，讨论燃油车与电动汽车的优劣，写成报告。 （2）找一款你喜欢的燃油汽车，写下其发动机的技术参数，并从物理学的角度说明各个参数的意义，写成一份说明书。 （3）做一个蒸汽机的模型（小船或小车），并参加一场比赛，看谁的蒸汽机率先到达终点。
随机性	可以互相指定对方研究的汽车型号。
趣味性	用蒸汽小船或小车参加比赛，可以在任务和奖品设置上增加趣味性。

十五、《电流和电路》的游戏化设计

第十五单元"电流和电路"是中学生学习电学知识的开始，要让学生了解电流、电路的有关知识，为后面的欧姆定律、电功率和电磁感应的学习打下良好的基础。本单元内容涉及初中物理课程标准三大一级主题：①一级主题"物质"中的二级主题"物质的属性"；②一级主题"运动和相互作用"中的二级主题"电和磁"；③一级主题"能量"中的二级主题"电磁能"。其中，"电磁能"部分的内容所占的比重大一些。

本单元从认识"两种电荷"开始带领学生进入奇妙的电学世界，安排了三个演示实验和四个动手实验，让学生了解电荷之间的相互作用规律，认识导体和绝缘体，学会连接电路、测量电路中的电流，了解电路的通路、断路、短路，能读、会画简单的电路图，理解串、并联电路中各部分电流的关系。

本单元共分5节。

第1节"两种电荷"：利用生活中的摩擦起电现象激起学生的学习兴趣，引导学生认识正电荷和负电荷，并使他们知道带电的实质是电荷转移。通过演示实验，让学生在观察的基础上总结出电荷间的相互作用规律，并引导学生认识验电器的工作原理。对于导体和绝缘体，学生应该有一定的知识储备，初中阶段要让学生明白有无"自由电荷"是区分导体和绝缘体的标准。

第2节"电流和电路"：根据动手实验学生能够认识到电流是用电器工作的原因，并认识电流的方向。利用二极管判断电流方向的实验简单、明了，能够激起学生的学习兴趣。学生比较容易理解通路和断路，为了让学生知道电源短路和用电器短路的危害，教材中着重演示了用电器短路的现象。另外，对于短路的原因学生有着强烈的好奇心，可以为今后学习欧姆定律提供内驱力。

第3节"串联和并联"：生活中的电路虽然复杂，但也是由简单的电路组成的，所以教材先安排学生认识最简单的串联和并联电路，然后让学生动手实验并探究开关的位置对串、并联电路的控制情况，以了解串、并联电路的特点，学会识别串联和并联电路。教材还介绍了生活中的一些电器的连接方式，旨在激起学生的学习兴趣。

第4节"电流的测量"：根据不同电路中小灯泡明暗不同，教材引入描述电流强弱的物理量——电流，随后介绍电流的单位以及测量工具——电流表。教材最后还安排了练习使用电流表的学生实验，这也为下一步探究串、并联电

路的电流规律，测电阻值和测量用电器的功率做了准备。

第5节"串、并联电路中电流的规律"：教材安排了两个探究实验，让学生进一步熟悉科学探究的一般步骤，以培养他们分析数据和归纳总结的能力，并让他们交流、讨论出串联和并联电路电流的特点。

本单元的重点是电荷的知识、电流表的使用方法、串联和并联电路的知识，难点是识别生活中的串联和并联电路，以及通过实验探究得出串联和并联电路的电流规律。

本单元内容的教学，要注意以下几点：

（1）重视科学探究式教学。

实施科学探究式教学对提高学生的科学素养具有重要的作用。在科学探究中，教师不仅要让学生通过探究发现某些规律，而且要注重在探究过程中发展学生的探究能力，让学生提高探究兴趣，增进对探究本质的理解，培养科学态度和科学精神。掌握电荷间的相互作用规律和串、并联电路的电流规律都需要学生经历科学探究的过程。

（2）发挥实验在本单元教学中的重要作用。

实验教学是物理教学的重要组成部分，是落实物理课程目标、全面提高学生科学素养的重要途径。实验和科学探究有着紧密的联系，实验是科学探究的重要方式之一。从实验教学的角度看，物理实验通常包括演示实验和学生实验等。本单元安排了三个演示实验和四个动手实验，通过这些实验学生可以有效地掌握电流和电路的基本知识，所以教师在教学时一定要留出足够的学习时间和空间来进行实验，切不可略去或直接讲实验的方法来应付教学。

（3）注重联系生产、生活中电学的实例。

教师备课时可以根据课程标准的内容要求选取电流和电路有关的各种资料，选取学生常见的事例，把与学生本人、本校、本地有关的生活中的摩擦起电现象和利用静电、防止静电危害等现实内容充实在课堂中。在教学方式上，要尽可能采用图片、投影、视频、光盘等资源，强化视听效果。由于电学与生产、生活有着极为紧密和广泛的联系，教师不可能将大量的信息在有限的教学时间内塞给学生，因此必须改变"只有讲过才算教过"的观念，有些内容可以精选、精讲，有些内容点到为止即可，更丰富的内容可以让学生通过阅读教材和其他补充材料（包括视听材料）、收集各种形式的信息、调查研究和讨论展示等方式来获得。除了教材介绍的内容外，教师可以结合当地实际提出一些有关电路的小课题让学生在课堂上交流。

（4）关注学生。

首先，关注学生的元认知。学生对于电并不陌生，有些学生的知识储备还相当丰富。在教学时，对于学生已有的知识不必多用时间，对于错误的认识要帮助其找出原因，然后结合教材予以纠正。其次，注重动手和动脑。教学时可以充分利用教材的"想想议议""小资料""想想做做""科学世界"以及"动手动脑学物理"等活动栏目，鼓励学生积极利用身边的材料开展实践、探究活动。这样不但有利于学生轻松地学习相关的知识，多角度、多层次认识电流和电路，还有助于培养学生把物理知识应用于实际生活的习惯，激发学生的探究热情。最后，及时收集学生的学习反馈情况。要全面了解学生知识与能力的发展情况，还应综合运用课堂观察、作业、测验、作品展示等多种评价方式，并将评价结果及时地反馈给学生。评价结果的及时反馈可以帮助学生发现、纠正学习中存在的问题，增强学生学习物理的兴趣和自信心，促进学生的发展。

（一）课标要求

（1）观察摩擦起电现象，了解静电现象；了解生产生活中关于静电防止和利用的技术。

（2）从能量转化的角度认识电源和用电器的作用。

（3）知道电压、电流和电阻；探究电流与电压、电阻的关系，理解欧姆定律。

（4）会使用电流表和电压表。

（5）会看、会画简单的电路图；会连接简单的串联电路和并联电路；能说出生产、生活中采用简单串联电路或并联电路的实例；探究并了解串联电路和并联电路中电流、电压的特点。

（二）主要知识点

（1）了解同种电荷相互排斥，异种电荷相互吸引；了解导体和绝缘体。

（2）知道电流的方向和简单电路的构成；从能量转化的角度认识电源和用电器的作用；了解通路、断路和短路，认识短路的危害；通过实物认识电路元件及其符号，会看、会画简单的电路图。

（3）会连接简单的串联电路和并联电路；会识别生活中的串联和并联电路。

（4）知道电流的单位及换算关系；会使用电流表。

（5）了解串、并联电路中电流的规律。

（6）经历观察电荷相互作用的物理现象，领会物体带"电"的实质；经历总结出相互作用规律的过程；体会验电器张角的变化显示电荷的定向移动的转化法。

（7）通过"动手做做"了解电路的组成，通过转化法知道小灯泡持续发光是因为有电流通过；利用二极管的单向导电性判断电流方向。

（8）通过连接电路的活动，激发学生的学习兴趣，使学生乐于动脑找出新的连接电路的方法；通过探究和实验的方法，了解串、并联电路的区别。

（9）通过练习使用电流表，进一步体会使用测量工具的方法；经历科学探究串、并联电路中电流规律的全过程，领会科学探究的方法。

（10）通过实验探究，培养学生严谨的科学态度与协作精神。

（11）培养学生的探究兴趣、求知欲望，以及猜想、动手操作、分析归纳的能力，锻炼观察和思维的能力，培养将科学技术应用于日常生活、社会实践的意识。

（12）通过探究串、并联电路中电流的规律，锻炼与人交流的能力，树立团队意识，养成实事求是、尊重科学的态度。

（三）游戏化设计

项目	内容
游戏任务与使命设计	制作校园安全用电手册，绘制学校电路拓扑图，并向校长提交你的作品，优秀的作品将会被印成小册子，赠送给全校学生。
关卡与活动设计	（1）用导电笔进行创意电路绘制，并赠送给你的同学，优秀作品将于复制后送入学校展览馆。 （2）自制一个电磁起重机模型，向同学展示，并说明其原理，比赛谁的电磁起重机有最大的起重重量，拍摄视频并发布到公众号或短视频平台上。 （3）开展一次找线头比赛，准备4~6根相同颜色、大小的长线，线头标准为按数字和字母进行编号，分别放在两个互不相见的地方，两组同学各在其中一处，不能交谈，互相看不见对方，用指定器材判断出线头编码的对应关系。
随机性	在找线头的游戏中，其他小组可以将编号随意进行打乱。
趣味性	用导电笔进行创意电路创作，可以做出许多非常有意思的作品来。

十六、《电压 电阻》的游戏化设计

本单元涉及初中物理课程标准一级主题"能量"中的二级主题"电磁能"，内容虽然不多，却是学生今后进一步学习电学知识、掌握欧姆定律的基础。完成本单元的学习后，学生要在会使用电流表的基础上，学会使用电压表和滑动变阻器，学习电压、电阻的概念，并通过探究实验了解串、并联电路中电压的规律。

相对于旧教材，新教材这一单元的内容有了一些调整，并且添加了一些新的内容。如在"电阻"一节中将"探究影响导体电阻大小的因素"的实验由原来的演示实验改为学生探究实验，这将更有利于学生自主探究能力、实验能力的培养，更有利于加深对影响导体电阻大小的因素的理解。在"变阻器"一节中加入了"用滑动变阻器控制电阻两端的电压"和"变阻器的应用"两部分内容，"用滑动变阻器控制电阻两端的电压"不仅使学生对滑动变阻器的作用有了更加全面的了解，还为学生下一步学习"探究电流与电压的关系"奠定了基础；加入"变阻器的应用"这一部分内容，则更能体现"从生活走向物理，从物理走向社会"的理念。

本单元有以下4节内容。

第1节"电压"：教材通过实例介绍电压及其单位，通过引导学生阅读直流电压表使用说明书，让学生知道如何正确连接电压表、正确读数与使用，从而提高学生的自学能力和动手操作能力。

第2节"串、并联电路中电压的规律"：让学生亲自动手实验操作，练习正确使用电压表，探究出串、并联电路中电压的规律，亲身经历科学探究的过程，培养学生的实验探究能力和合作意识，激发学生学习的兴趣。

第3节"电阻"：介绍电阻的定义、符号、单位及其换算，通过自主实验"探究影响导体电阻大小的因素"，让学生掌握控制变量法在探究实验中的应用，培养学生有目的地获得实验数据并对数据进行分析的能力。

第4节"变阻器"：介绍滑动变阻器的原理、构造、电路符号以及变阻器的应用，在练习使用滑动变阻器的实验中让学生用滑动变阻器改变灯泡的亮度和用滑动变阻器控制电阻两端的电压。

本单元内容中大部分的知识需要经过学生的探究和实验才能获得，在每节课课后"动手动脑学物理"栏目中还设计了许多实践性、开放性和应用性很强的题目。因此，教师在教学中应注意结合实际情况，创设情境，激发学生探究的兴趣，让学生在积极参与探究活动的过程中了解探究问题的一般程序和方法，掌握仪器、仪表的使用规则和操作技能，从而培养学生的观察能力、分析能力和概括能力，形成实事求是的良好作风，树立客观、严谨的科学态度以及与同学密切合作的协作精神。在引导学生联系生活实际的过程中，教师要培养学生应用所学物理知识解释身边发生的实际问题和自然现象的能力。

本单元的重点是利用电压表探究串、并联电路中电压的规律、探究影响导体电阻大小的因素和滑动变阻器的使用；难点是掌握电阻、电压和电流的关系，电压表的使用方法，以及探究串、并联电路中电压规律的实验设计及操作。

结合本单元内容的特点，教师在教学过程中要注意运用以下方法：

（1）重视体现"从生活走向物理，从物理走向社会"的理念。

在教授"电压"一节时，可以从学生日常生活中熟悉的事例，例如干电池的电压等，直接引入电压的概念，并利用教材"小资料"栏目中"常见的电压"的数据，进行电压单位换算的练习，还可以引导学生观察各种用电器铭牌上的电压值等，激发学生的兴趣。讲授"电阻"一节时，设问"为什么普通导线都是用铜或铝制成的？"，使学生感觉到物理就在身边。学习"变阻器"一节时，介绍电位器，使学生感受"从生活走向物理，从物理走向社会"的理念。

（2）重视控制变量法在探究实验中的应用。

教材将"探究影响导体电阻大小的因素"设置为学生探究实验，给学生的探究活动提供了更为宽广的舞台。在教学过程中，可以先引导学生根据自身生活经验对影响导体电阻大小的因素进行猜想，然后在实验中运用控制变量法对各个因素进行逐一验证。实验过程中要注意对学生的引导，实验完成后让学生根据实验结果进行总结并得出结论，这样既能提高学生的动手操作能力，又能锻炼其归纳总结的能力。

（3）重视发挥实验的作用。

本单元共安排了 5 个探究实验，以培养学生观察现象、设计实验、进行实验、收集信息、处理信息的能力。在科学探究的过程中，让学生体验研究物理问题常用的控制变量法。在实验过程中，注意培养学生的合作意识、创新意识和实践能力，不断激发学生的学习兴趣，调动学生参与的热情。

（4）发挥评估和交流的作用。

评估和交流作为科学探究的两个必要环节，往往容易被教师和学生忽略。其实，这是我们教学中的一项很大失误，因为学生通过评估和交流得到的不仅仅是自己和他人的收获，更重要的是发现自己和他人在探究过程中的不足和失误，以避免自己再走弯路。学生在这个过程中取长补短，印证了自己的发现，明确了自己的不足，获得了同学们的帮助。例如在探究串联电路中电压的规律时，有些小组会因为选用了两个型号相同的灯泡而得出"串联电路中各个用电器两端的电压相等"这种错误结论，这时各个小组间的交流就会发挥巨大作用，不用教师作过多的解释，同学们就会明白自己的问题出在哪里。

（一）课标要求

（1）从能量转化的角度认识电源和用电器的作用。

（2）知道电压、电流和电阻。

（3）会使用电流表和电压表。

（4）会看、会画简单的电路图；会连接简单的串联电路和并联电路；说出生产生活中采用简单串联电路或并联电路的实例；探究并了解串联电路和并联电路中电流、电压的特点。

（二）主要知识点

（1）初步认识电压，知道电压的作用、单位和电压表的符号，会正确使用电压表，能正确地读出电压表的示数。

（2）通过实验探究得出串、并联电路中电压的规律，学习科学探究的方法。

（3）初步学习电阻的概念，理解电阻是导体本身的一种性质，知道电阻的单位及其换算关系。

（4）知道滑动变阻器的构造、原理，会把滑动变阻器正确地连入电路。

（5）通过自学说明书，会正确使用电压表，能正确地读出电压表的示数。

（6）通过亲自动手实验，经历探究串、并联电路中电压规律的全过程。

（7）通过探究导体电阻大小与导体材料、长度、横截面积的关系，体会通过控制变量研究物理问题的基本方法。

（8）通过亲自试验，学会使用滑动变阻器来改变电路中的电流。

（9）在实验探究过程中，不断激发学生的学习兴趣，调动学生参与的热情。

（10）通过对探究串、并联电路中电压规律的实验数据进行分析，培养学生科学严谨的态度、实事求是的作风和尊重事实、探索真理的科学精神，体会交流合作的重要性，获得共享成果的喜悦。

　　（11）通过滑动变阻器的应用，认识物理与社会生活的联系，感悟学习物理的社会意义。

（三）游戏化设计

项目	内容
游戏任务与使命设计	了解电阻器阻值的表示方法，写成一篇科普小文章。你的文章将会收入学校《科学天地》小册子里，赠送给其他同学阅读。
关卡与活动设计	（1）动手制作一个滑动变阻器或电位器，附上一份说明书。 （2）了解电阻器阻值的表示方法，写成一篇科普小文章，跟同学们进行分享。 （3）用多种水果制作水果电池，用表格记录你的发现，拍摄视频并发布到公众号或短视频平台上。 （4）用溶液制作一个伏打电池，比较谁的电压更高，拍摄视频并发布到公众号或短视频平台上。 （5）电路板游戏。 ·游戏材料： ①电路板：1 个。 ②电路元件：电源 4 个、电灯 8 个、电铃 2 个、导线 20 条、开关 8 个、电流表 4 个、电压表 4 个、5Ω 电阻 4 个、10Ω 电阻 4 个、0～20 变阻器 2 个。 ③任务牌：30 张。 ·游戏规则： 学生随机抽取一张任务牌，并在电路板上使用电路元件，完成任务牌上面的电路连接任务。
随机性	（1）水果电池实验中，可以随机使用各种水果及其组合进行实验，研究电压与什么因素有关。 （2）电路板游戏中，可以随机抽取任务牌，其他小组也可以现场制作任务牌。
趣味性	水果电池实验中，水果的品种、大小、成熟度等多个因素都会影响到电压高低，学生的探究过程充满乐趣。

十七、《欧姆定律》的游戏化设计

本单元在学习第十五单元和第十六单元的基础上，通过实验探究电流、电压和电阻的关系，得出欧姆定律，然后通过实验测量小灯泡的电阻和介绍有关安全用电方面的知识，使学生了解欧姆定律在实际生活中的重要应用。本单元可分成两个部分，第一部分为欧姆定律（第1、2节），主要内容有电流、电压与电阻的关系，欧姆定律的公式、单位等。第二部分为欧姆定律的应用（第3、4节），主要内容是应用欧姆定律测量小灯泡的电阻，应用欧姆定律的知识进行简单的计算等。

欧姆定律是一个重要的物理规律，反映了电流、电压、电阻这三个重要的电学量之间的关系，是电学中最基本的定律，学生要分析解决电路问题就必须先学习掌握欧姆定律。

学生在没有学习本单元知识之前，已了解了电流、电压、电阻的概念，初步学会电压表、电流表、滑动变阻器的使用，具备学习欧姆定律的基础知识和基本技能。但对电流与电压、电阻之间的联系，其认识是肤浅的、不完整的，没有上升到理性认识，没有形成科学的体系。

本单元内容的教学，要注意以下方法：

（1）注意欧姆定律并不是上一节课的实验结论，而是欧姆经历了大量的实验归纳得出的。帮助学生区分进行一次实验的特殊性（我们探究只用一个电阻，做了一次实验）与多次实验的普遍性。

（2）课堂上应设计对欧姆定律的理解的教学过程，如 U、I、R 必须是同一段电路上的三个物理量，正确理解三个物理量的关系。

（3）切记：在对欧姆定律的理解的教学过程中，先不要提出 $R = U/I$ 的意义，以免混淆学生对欧姆定律的理解。在熟练用欧姆定律及其变形公式计算之后，增加某电阻两端电压变化（2个或更多电压值），求电流。

（4）初三年级学生进行欧姆定律的计算，已经有了计算的规范性习惯，三个物理量的公式变换计算很轻松。本课要增加一个电阻两端的电压变化后求电流的类型题，并将其作为重点，突出计算中角标的书写、欧姆定律变形 $R = U/I$ 的理解。

（一）课标要求

知道电压、电流和电阻；探究电流与电压、电阻的关系；理解欧姆定律。

（二）主要知识点

（1）理解欧姆定律，能进行简单的计算。

（2）通过实验探究，自己找出电流与电压、电阻的关系，学习科学探究方法。

（3）让学生体验和经历科学探究的过程，结合欧姆的故事，培养学生形成尊重事实、探究真理的科学态度。

（三）游戏化设计

项目	内容
游戏任务与使命设计	写一篇小文章，介绍欧姆发现欧姆定律的过程。你的文章将会被收入学校《科学天地》小册子里，赠送给其他同学阅读。
关卡与活动设计	（1）了解电流表和电压表的结构，尝试增减内电阻，改变其量程。 （2）了解电子天平、电子秤、额温枪的原理，尝试用压敏电阻制作一个电子秤，拍摄视频并发布到公众号或短视频平台上。优秀作品将会送入学校展览馆进行展览。 （3）写一篇小文章，介绍欧姆发现欧姆定律的过程。 （4）电路板游戏。
随机性	电路板游戏中，可以随机抽取任务牌，其他小组也可以现场制作任务牌。
趣味性	电子秤的制作和使用非常有趣。

十八、《电功率》的游戏化设计

第十八单元"电功率"是在欧姆定律的基础上，把对电学的研究拓展到电功和电功率。本单元是中学物理教学中的重点和难点，具有综合性强、定量规律多、探究内容多等特点。初中物理课程标准将科学内容分为三类——"物质""运动和相互作用""能量"，本单元就是从能量的角度让学生认识电功、电热等内容的。能量是比功更普遍的概念，它从深层次上反映了物质运动和相互作用的本质。

　　本单元介绍了电能和电功率这两个重要电学概念和焦耳定律这个重要的物理定律，同时还设计了"测量小灯泡的电功率"的学生实验。教材先从学生在生活中较为熟知的电能应用实例入手，然后逐步展开电功、电功率、电热的相关知识。每一节都是从实际问题、实际现象引入新课，讲解知识后又应用所学知识解决实际问题。本单元的教学思路是：电能—电功率—焦耳定律。随着我国进入电气化时代，学生在日常生活中已经初步认识了电功率，因此在教学中要体现"从生活走向物理，从物理走向社会"的理念，密切联系生活实际，从电能、电能表入手，通过观察电能表，引入电功率的教学，从而加强学生对电功率的理解。

　　本单元内容共分 4 节。

　　第 1 节"电能　电功"：通过电路的工作状态使学生认识到电能的存在，体会电流在工作时的能量转化；对于电能表，课堂上可将实物与图片结合起来，让学生认识电能表的参数及电能表的读数方法。对于电功的公式，一定要让学生明确各物理量的物理意义及其单位，并能运用公式进行简单的计算。

　　第 2 节"电功率"：这一节内容较多，包括电功率、额定功率、实际功率的概念，以及根据公式 $p = \dfrac{W}{t}$ 进行的相关计算。本节难度较大，顺利开展这部分教学的关键在于，学生对所学的物理量及其单位有较清楚的认识，对实验现象的观察有一定的推理能力。

　　第 3 节"测量小灯泡的电功率"：通过上节的学习，学生已经知道了用伏安法测量用电器电功率的方法，对于公式 $P = UI$ 也有了初步的认识，通过本节的实验探究，学生能清楚地了解电流、电压对电功率的影响。

　　第 4 节"焦耳定律"：从生活实际出发，通过用电器在工作时都伴有的发热现象，引入电流的热效应，通过生活中电炉丝与导线发热不同的现象，提出问题——电流的热效应与哪些因素有关？再通过演示实验说明电热与电阻、电流、通电时间都有关系，从而得出焦耳定律。此外，本节还要求学生会运用公式 $Q = I^2 Rt$ 进行计算。对于电热的利用和防止，要让学生联系生活实际进行学习。

　　本单元的重点是掌握电功率的概念和焦耳定律的内容，会运用公式 $W = UIt$、$p = \dfrac{W}{t}$、$Q = I^2 Rt$ 进行计算；难点是运用伏安法测量小灯泡的电功率。

　　本单元内容的教学，要注意以下方法：

　　（1）首先要重视实验和探究的方法，让学生通过探究活动学习课程中的基本内容。

通过做测量小灯泡的电功率这个实验加深学生对实际功率的理解，从实验角度使学生了解电流、电压如何影响用电器的实际功率。可以提高对探究实验的要求，让学生设计一份实验报告，并写出实验的目的、所依据的原理、主要的操作步骤、所得的结论及实验中发现的问题。

（2）注重"从生活走向物理，从物理走向社会"。

本单元列举了一些常见用电器的电功率，要求学生会根据家用电能表的示数计算家庭某一段时间所需的电费，会根据家用电器的说明书计算其消耗的用电量，这些都是在实际生活中应当具备的基本技能。密切联系实际，学以致用，激发学生提出更多有价值问题，产生进一步学习的动机。

（3）重视物理方法的渗透。

①对比法：用对比法区别消耗的电能和电功率两个概念。从概念、物理意义、实质、公式、单位五个方面对比记忆，理解消耗的电能和电功率。

②转换法：在探究电热与哪些因素有关的实验中，通过观察 U 形管两边液面的高度差变化判断电阻产生热量的多少，把不便于观察的物理量转换为看得见或便于测量的物理量，使抽象问题形象化。

③控制变量法：本单元在探究电热与哪些因素有关时，应用了控制变量法。在运用控制变量法时，应首先明确所研究的问题与哪些因素有关，应控制哪些因素相同，然后对实验结果进行具体分析，得出结论。

（一）　课标要求

（1）结合实例，了解电功和电功率；知道用电器的额定功率和实际功率。

（2）通过实验，了解焦耳定律；能用焦耳定律说明生产生活中的有关现象。

（二）　主要知识点

（1）知道电能的单位，知道电能表的作用和读数方法。

（2）知道电功率的定义和单位，理解额定电压和额定功率，会运用电功率公式进行简单的计算。

（3）会运用电流表和电压表测量小灯泡的电功率，理解额定功率和实际功率的区别。

（4）知道电流的热效应，知道焦耳定律，知道电热的利用与防止。

（5）体验电能可以转化为其他形式的能量。

（6）观察、体验电能表铝盘转动的快慢与用电器电功率的关系，观察、体验用电器的额定功率与实际功率的关系。

（7）通过探究，体验小灯泡的电功率随它两端电压的改变而改变，并发现其变化的规律。

（8）通过探究，知道电流的热效应与哪些因素有关。

（9）了解电能和我们生活的关系，养成节约用电的习惯。

（10）认识用电器正常工作和不正常工作对用电器的影响，培养学生科学使用用电器和节约用电的意识。

（11）通过学习、了解电热的利用和危害，学会辩证地看待问题。

（12）通过讨论交流培养合作学习的态度和意识。

（三）游戏化设计

项目	内容
游戏任务与使命设计	了解学校使用的用电器和用电情况，估算学校一年的电费，列出你的计算依据，并与实际电费进行对比，如有较大出入，请说明原因。
关卡与活动设计	（1）选取家里的一个大功率用电器，利用家里的电能表测量其电功率，与标称值进行对比。如有误差，请分析其中的原因。 （2）取一个电热水壶，用你的方法测量其电热效率，并与标称值进行对比，如有误差，请分析其中的原因。 （3）电路板游戏。
随机性	电路板游戏中，可以随机抽取任务牌，其他小组也可以现场制作任务牌。
趣味性	电路板游戏可以由其他同学和小组设置任务，增加趣味性。

十九、《生活用电》的游戏化设计

本单元是对前面几个单元所学电学知识的实际应用，充分体现了物理知识与生活实践的联系。本单元从认识家庭电路入手，带领学生逐渐认识生活用电常识，让学生知道家庭电路的组成，进而认识家庭电路中电流过大的原因和安全用电的知识。本单元应用了欧姆定律和电功率的相关知识，家庭电路中各部分的作用、功率过大和短路对家庭电路的影响、安全用电知识等有关内容，使学生深化对电学知识的认识，并能够运用电学知识解决生活中简单的问题。

本单元分为以下 3 节。

第 1 节 "家庭电路"：学生对家庭电路比较熟悉，因此可以通过对家庭电路的观察激发学生的学习兴趣，让学生大致描述出家庭电路的组成，进而学习家庭电路中各部分的功能。

第 2 节 "家庭电路中电流过大的原因"：结合前面已经学习了电功率和欧姆定律的相关知识，教材将家庭电路中电流过大的原因分为两种情况，降低了学生理解的难度。

第 3 节 "安全用电"：从学生熟悉的情境出发，根据欧姆定律，结合人体会导电，可以粗略估计出在各种电压下通过人体的电流，让学生意识到电压越高越危险，初步认识到用电一定要注意安全。然后结合常见的触电事故让学生认识触电的类型，进而总结出安全用电的原则。最后结合雷电现象让学生学习防止雷电的方法和措施。

本单元的重点是家庭电路的组成、试电笔的使用方法、功率过大和短路对家庭电路的影响、触电的类型、安全用电的原则，难点是认识保险丝的作用。

经过了一年的学习，学生的认知水平和探究能力都得到了提高，但通过观察现象寻找规律的能力还比较薄弱，因此，教学中应注重学习方法的引导。随着社会电气化的普及，安全用电知识在以后的生产、生活实践中显得十分重要。家庭电路与生活实际联系十分紧密，本单元应该进一步注重物理知识在生活中的应用。

学生对家庭电路已经有了一定的认识，本单元知识点虽然较多，但主要是介绍生活用电常识，大多数知识学生只要了解即可，为避免课堂变得平淡、乏味，在教学过程中教师要注重直观教学，让学生接触实物或观看实物录像，这样更利于学生掌握试电笔的使用，理解家用电器金属外壳接地等难点知识。

本单元内容的教学，要注意以下方法：

（1）首先要重视观察的方法，让学生通过观察学习教材中的基本内容。

因为本单元的知识与学生的生活联系密切，所以本单元的教学活动一定要打破传统的以传授知识为主的教学模式，要把在教师指导下的学生自主观察探究学习作为本单元最主要的教学方法。具体地说，必须切实指导学生认真观察家庭电路的组成、试电笔的构造、家庭电路中常见用电器的铭牌等。

（2）加强理论与实际的联系。

本单元知识与生活联系密切，能很好地体现"从生活走向物理，从物理走向社会"的理念，因此在教学过程中，一定要加强联系实际生活。

（3）鼓励小组学习、讨论学习和合作学习，提高学生学习的积极性和主动性。

现在的教育理念要求切实转变学生的学习方式，强调小组学习、讨论学习、合作学习、自主探究等模式。为此在学习中可以让学生自发成立小组，共同观察家庭电路的组成等，同时有效引导他们安全用电，防止意外发生。

（4）注重讨论和信息的查找。

本部分教材展示的内容比较简单，为了更充分地说明问题和调动学生学习的积极性，激发学生学习的热情，要多方面收集资料，开阔学生的视野。互联网上的信息量非常大，必要时可以引导学生通过互联网查找相关信息，通过知识的延伸应用等方式加深学生对知识的理解，扩充知识，拓展眼界。

（一）课标要求

了解家庭电路的组成。有安全用电和节约用电的意识。

（二）主要知识点

（1）知道家庭电路的主要组成部分。

（2）会正确使用试电笔判断零线和火线。

（3）认识三线插头和漏电保护器对家庭电路的作用。

（4）理解家庭电路中总电流随家用电器功率的增大而增大。

（5）认识短路对家庭电路的危害。

（6）能描述触电的两种类型。

（7）掌握安全用电的原则。

（8）通过演示保险丝被烧断的实验，加深学生对保险丝作用的理解。

（9）通过联系生活实际，培养学生利用物理知识解决简单问题的能力。

（10）会解决有关家庭电路的简单问题。

（11）树立理论联系实际的观念。

（12）体验安全用电的重要性。

（13）增强安全用电的意识。

（三）游戏化设计

项目	内容
游戏任务与使命设计	（1）了解你的学校或社区存在的安全用电隐患，并就如何改造向校长或社区管理人员提交你的建议。 （2）通过观察，了解学校存在的用电浪费现象，并就如何科学管理向校长提交你的建议。
关卡与活动设计	（1）了解你的学校或社区存在的安全用电隐患，并就如何改造向校长或社区管理人员提交你的建议。 （2）通过观察，了解学校存在的用电浪费现象，并就如何科学管理向校长提交你的建议。 （3）绘制学校的电路拓扑图，与同学进行对比。 （4）用表格列出常见电路故障的现象、排查方法和处理方法，同学之间互相交换表格，互相学习。
随机性	电路故障的排查，可以由其他小组和同学指定使用的工具，或设置障碍，增加排查的难度。
趣味性	绘制学校的电路拓扑图与电工提供的标准拓扑图相比，看看出入大不大。

二十、《电与磁》的游戏化设计

本单元的教学内容"电与磁"是电学知识的延伸和发展，具有一定的综合性。

本单元主要学习磁现象、磁场、电磁铁、电动机、电磁感应及其应用，是学习下一单元"信息的传递"的基础。与旧教材相比，新教材本单元内容更加注重学生的自身体验与感悟，更加注重物理知识在生产、生活和现代技术中的实际应用。学生在小学自然课已学过简单的磁现象，并做过一些简单的实验，对磁现象并不陌生，但磁场的存在、用磁感线描述磁场的方向等是全新的知识，因此教材从生活中常见的磁现象出发，介绍磁场的一些基本知识，通过各种课堂活动让学生感知磁场的存在，培养学生的抽象思维能力。磁场和磁感线是贯穿整个单元的核心内容，而电磁铁、电磁继电器、电动机和发电机这些内容直接与生产实际相联系，能进一步激发学生学习物理的兴趣，培养学生解决实际问题的能力，能够很好地体现课程标准"从生活走向物理，从物理走向社会"的理念。

本单元的物理概念和规律，几乎都需要通过动手实验概括得出，体现了课程标准中三维教学目标的要求。本单元除了"磁现象"的知识比较简单易懂外，其他知识都比较抽象。在教学中应注重指导学生学习应用"自然现象之间应存在着相互联系"的科学思想，训练以实验为手段来探索自然奥妙的科学方法。本单元内容的教学要体现两个目的：一是对学生进行科学的世界观教育；二是培养学生以实验事实为依据的归纳、概括和想象能力，同时培养学生创造发明的意识，并且要告诉学生，任何创造发明都是科学探索的成果。

本单元分为以下5节。

第1节"磁现象 磁场"：这是本单元的第一节课，是本单元的知识预备阶段，是学习本单元后续内容的基础，也是培养学生学习磁知识兴趣的第一课。磁场看不见、摸不着，很抽象，是本节教学的重点和难点。

第2节"电生磁"：电流的磁效应是学生学习电磁现象的重要基础。由于初中生的空间想象能力和识图能力不强，在教学中，要用教具直观演示这些现象，让学生确信电流及其周围的磁场是同时存在而且是密不可分的。为了说明这个问题，建议让学生亲手做"奥斯特实验"和"探究通电螺线管外部的磁场分布"两个实验，帮助他们加深对知识的理解，初步认识电与磁之间存在的关系。

第3节"电磁铁 电磁继电器"：电磁铁是利用电流的磁效应使铁芯磁化从而产生磁力的装置，是电生磁最直接的应用。电磁继电器是电磁铁的具体应用，是电磁铁内容的拓展和延伸。

第4节"电动机"：本节是在学习了电生磁的基础上，通过实验说明通电导线在磁场中会受到力的作用，而且力的方向与电流及磁场方向都有关系。这是为了使学生更进一步了解电和磁之间的联系而设置的一节课。教师教学要从日常生活中常见的现象入手，让学生经历制作小电动机的过程，培养他们动手操作、观察、分析问题、归纳总结等能力。

第5节"磁生电"：本节课是从电生磁的现象出发，引导学生逆向思考，既然电能生磁，那么磁能否生电呢？通过本节课的学习，学生对"电与磁的关系"会有一个比较完整的认识。

中学物理教学方法是多种多样的，但是没有一种是普遍适用的，这就是我们常说的"教学有法、教无定法"。本单元的主线是"磁场"，磁体、通电导线周围都存在磁场，磁场对放入其中的磁体或通电导线有力的作用，闭合电路的一部分导体在磁场中做切割磁感线的运动时，导体中会产生感应电流，所以对本单元的学习要围绕探究"磁场"及其作用来进行。本单元涉及的物理方法和思想，既有我们熟知的观察法、实验法，也有模型法、对比法等。

本单元内容的教学，要注意以下方法：

（1）重视实验教学。

实验是物理概念和规律建立的基础，物理的概念和规律，绝大多数是通过实验并经过缜密的思考，归纳总结出来的。本单元安排了许多实验，其中"研究磁场的方向""探究通电螺线管外部的磁场分布"和"探究什么情况下磁可以生电"是学生必做的实验。在教学过程中，教师要让学生经历科学探究的过程，领悟探究方法，体验探究乐趣，感悟实验方法对物理学习的重要性，还要注意培养学生的逆向思维能力、动手能力以及创新意识。通过探究活动得到结论性、规律性的知识，学生可以掌握初步的科学探究的方法。此外，教材还安排了大量的演示实验。做演示实验时，要让学生明确观察目的，大概了解可能出现的现象，然后带着目的进行观察。

（2）重视方法渗透。

模型法是本单元学习的重要方法之一。物理学中，用磁感线来表示磁体周围空间各点的磁场方向和强弱。磁场是客观存在的，而磁感线是人们为了方便研究问题而建立的一个物理模型，实际并不存在。磁感线布满磁体周围整个空间，并不只在一个平面上，要注意帮助学生初步建立起磁感线空间分布的物理图景。对比法也是本单元学习的重要方法，本单元包括磁体产生的磁场和电流产生的磁场的对比、电动机和发电机能量转化及其工作原理的对比、电生磁和磁生电的对比、通电螺线管和电磁铁的对比等。通过对比，找出它们的异同点，帮助学生更好地理解知识。

（3）激发学习兴趣。

物理来源于生活，生活中到处都涉及物理知识。在教学中，要通过各种教学手段，使探究新知的认知活动变成学习的心理需求，变"要我学习"为"我要学习"，变"苦学"为"乐学"。例如，在第一节教学引入新课时，教师可以讲一个故事：在加拿大东海岸，有一个神奇而令人生畏的世百尔岛，来往的船只只要一靠近它，不但指南针失灵，还会把船吸向小岛，使船只触礁沉没。有趣的故事，会激发学生去思考，去寻找答案。

（4）展示物理过程。

有些物理概念和规律的建立不能用实验达到预期效果时，可以借助多媒体来展示物理过程，多媒体可以变间断为连续，变静态为动态，此外还可以根据实际情况，运用多媒体设置一些物理情景和演示程序，这样可以让学生心领神会，从而达到教学目的。例如，视频播放刘谦在春晚的"穿越"魔术表演，让学生揭秘魔术，使学生知道这里用到了物理中磁的知识。

（5）利用网络资源。

互联网上的信息资源相当丰富，可以引导学生查找相关资料，获取有关信息，通过知识的延伸等方式加深学生对知识的理解，扩大学生的知识面。

（一）课标要求

（1）通过实验，了解物质的一些物理属性，如弹性、磁性、导电性和导热性等，能用语言、文字或图表描述物质的物理属性。

（2）通过实验，认识磁场；知道地磁场。

（3）通过实验，了解电流周围存在磁场；探究并了解通电螺线管外部磁场的方向；了解电磁铁在生产生活中的应用。

（4）通过实验，了解通电导线在磁场中会受到力的作用，并知道力的方向与哪些因素有关。

（5）探究并了解导体在磁场中运动时产生感应电流的条件；了解电磁感应在生产、生活中的应用。

（二）主要知识点

（1）了解简单的磁现象，知道磁体周围存在磁场，知道地磁场。

（2）知道电流周围存在磁场，知道通电螺线管外部磁场的方向。

（3）知道电磁铁的工作原理及影响电磁铁磁性强弱的因素，知道电磁继电器的结构和工作原理。

（4）了解通电导线在磁场中会受到力的作用，知道力的方向与哪些因素有关，了解电动机的工作原理和能量的转化关系。

（5）知道导体在磁场中运动时产生感应电流的条件，了解电磁感应在生产、生活中的应用，知道发电机的工作原理和能量的转化关系。

（6）让学生自己总结生活中与磁有关的现象，了解现实生活中的各种磁现象和应用。

（7）观察磁体之间、通电导体与磁体之间的相互作用，初步了解电和磁之间存在联系。

（8）经历探究过程，提高实验观察能力和分析概括能力。

（9）通过了解我国古代在磁的研究方面取得的成就，进一步激发学生学习物理的兴趣。

（10）在分析、观察的过程中使学生体会到学习探究的乐趣，让他们乐于探索自然界的奥秘。

（11）通过探究，培养学生严谨的科学态度。

（12）通过感知磁场的存在，使学生形成良好的科学态度和实事求是的精神，帮助学生树立探索科学的志向。

（三）游戏化设计

项目	内容
游戏任务与使命设计	（1）用电磁继电器制作一个双路抢答器，你的作品将有机会出现在下一次的学校活动上，作为抢答器而使用。 （2）了解司南、指南针在中国的发明和应用及其对世界历史的影响，写成一篇小论文。你的论文将会被收入学校《科学天地》小册子，赠送给其他同学阅读。
关卡与活动设计	（1）自制简易发电机，向同学展示，看谁的发电机可以点亮一盏小灯泡。 （2）制作一个电磁起重机，比赛谁的起重质量最大。 （3）了解无线充电的技术原理，比较不同手机的无线充电功率，列一张表进行对比研究。
随机性	自制电磁起重机游戏中，可以让其他小组和同学指定需要起重的物体。
趣味性	比赛简易发电机的发电效果，可以增加许多新的任务关卡和奖励方式。

二十一、《信息的传递》的游戏化设计

第二十一单元"信息的传递"中的知识点与生活实际紧密相关，电磁波虽然看不见、摸不着，却实实在在存在着，并为人们所利用。本单元的内容体现了初中物理课程标准一级主题"运动和相互作用"下的二级主题"电和磁"中的内容要求："知道电磁波。知道电磁波在真空中的传播速度。了解电磁波

的应用及其对人类生活和社会发展的影响。"本单元围绕电磁波的应用这一核心来展开，先介绍电磁波的发现及它的波动特性和传播速度快的特点，再将其应用到广播、电视和现代通信之中。对于广播、电视和通信的知识，只要求学生有简单的了解，对于互联网，学生也只要有简单的认识即可。

人类社会已经迈入了信息时代。有形的材料、能源是财富，无形的信息则是财富的源泉。在工业化社会里，交通运输是国民经济的大动脉，而在信息化时代，通信是信息时代的生命线。信息是当今社会人们生活、学习、生产的重要元素。了解信息如何传递，信息技术的由来、现状和未来发展，是每个生活在信息化社会中的公民适应信息化社会生活的需要。因此，在以素质教育为目的的初中物理教材中，介绍"信息的传递"的内容是必需的，它体现了教材内容的时代性。另外在调查中也发现，初中生对通信的知识既有兴趣又有需求，所以我们有必要把信息传递的方式介绍给学生。

本单元分为以下4节。

第1节"现代顺风耳——电话"：教材采用图文并茂的形式介绍电话的结构，让学生了解声信号和电信号是如何相互转化的，以及电话是如何传递信息的。"想想议议"引起学生的兴趣，让学生了解电话交换机的作用和交换机技术的发展，使学生对科学技术的发展给人们生活带来的便利有一个切身的体验。数字通信是未来通信的发展方向，我们不要求学生了解过多的技术问题，但可以通过游戏，在轻松愉快的气氛中，让学生了解数字通信的基本原理，使他们感觉到数字通信并不神秘。教学过程中，不要讲解过深，只要让学生了解即可，也可以让学生通过互联网查阅资料来拓展自己的视野。

第2节"电磁波的海洋"：本节课的重点是让学生确信电磁波的存在，知道电磁波的传播速度以及波长、频率和波速的关系。电磁波是非常抽象的，人们看不见、摸不着。教材通过学生实验，让学生感知电磁波的真实存在。对于电磁波是如何产生的，教师可以稍作解释：这是因为在导线与电池组成的电路中产生了迅速变化的电流，变化的电流产生了电磁波，收音机接收了电磁波，并把它放大转换成声音，这就是我们听到的"喀喀"声。由声波的传递需要介质，引出问题——电磁波传递是否需要介质。教材通过演示实验用事实来说明电磁波也可以在真空中传播。然后将其与水波、声波类比，使其形象化，使之更容易被学生接受；对于电磁波的波长和频率可以类比水波的波长、频率来讲解。在给出电磁波在真空中的传播速度时，教师应提示学生将其与光速比较，由此想到光与电磁波的联系，使学生对光即电磁波有一个初步的认识。教材中的电磁波波谱图给出了电磁波各波段的名称、波长范围及其应用，这样很直观。波长范围都是估计值，只要学生有个大致的了解就行。

第 3 节"广播、电视和移动通信"：本节的重点是电磁波在信息传递方面的应用价值，让学生在了解广播、电视和移动通信的大致过程中领悟理论和技术的价值。教材采用图文结合的方式展示无线电广播和电视中信息传递的大致过程。由于无线电广播和电视都是利用电磁波来传递信息的，且过程大同小异，教材将二者对比讲解。移动电话的使用已经十分普遍，随身携带一部手机，就可以在城市的任何一个角落进行通话，学生们也有兴趣了解移动电话的工作过程。在学习固定电话和收音机后，移动电话的工作过程就比较容易理解了。教师可补充 3G、4G 网络通信的知识或让学生课后查阅资料学习了解，以拓展知识面。

第 4 节"越来越宽的信息之路"：教材分别介绍了微波通信、卫星通信、光纤通信和网络通信，并在介绍中渗透技术价值，体现了科学技术和社会之间紧密联系的理念。本节内容的重点是卫星通信和光纤通信，要让学生知道卫星是如何传递信息的，以及光纤通信的原理。学生接触微波通信和网络通信较多，属于了解内容，学生只需知道人们通过计算机进入互联网这一信息高速公路，就可以足不出户获得世界各地的信息。在互联网上，既可以收发电子邮件，实现信息共享，还可以进行网上学习、网上购物等。

本单元内容的教学，应注意以下方法：

（1）重视图形化的方法，重视思考、分析和交流的过程，让学生阅读教材中图文并茂的内容后进行思考和分析归纳，领会所要学习的知识。

本单元提供的图片较多，直观性很强，有利于激发学生学习兴趣。但是在指导学生读图时，要求学生不能只看图片表面的信息，而要通过图片分析其中隐含的物理知识，提出值得思考的问题，并通过小组之间的交流解答，学习相关知识和方法。

（2）重视演示和探究的方法，培养学生观察与思考相结合的能力。

本单元中学生参与的探究实验并不多，所以要尽可能开展学生可以做的和教师可以演示的实验。

由于电磁波看不见、摸不着，学生无法感知，理解起来有困难，而验证电磁波存在的实验器材简单、可操作性强、效果明显，学生可以亲自动手体验电磁波的产生。对于光纤通信的演示实验，教师要想办法准备器材来完成，这不仅能调动学生的学习积极性，更有利于知识的掌握，也能体现教师的敬业、乐业精神。对于一些不便于实验的活动，可以充分利用网络，收集相关的视频播放给学生观看，让学生注意观察和思考，从而突破抽象的、不易理解的知识点。

（3）注重"从生活走向物理，从物理走向社会"。

本单元知识和人们的生活紧密联系，教学过程中应充分利用"想想议议""科学世界""STS"以及"动手动脑学物理"等栏目，鼓励学生积极利用身边材料进行实践，利用网络收集相关信息并在课堂上交流，这样不仅有利于学生轻松地学习有关知识，多角度、多层次地认识世界的物质本质，还有助于培养学生收集信息并与他人共享的意识，体会物理知识在生活中扮演的重要角色，提高学生学习科学的兴趣。

（4）重视物理方法的渗透。

本单元通过水波和声波来认识电磁波，通过水流对光的传播的影响来认识光纤通信，这些都是一种类比的学习方法。学生比较熟悉水波，也已经学过声波，这都为电磁波的学习进行了知识储备。因为电磁波也是一种波，所以必然存在着波的一些特性，这就可以用展示波速、频率和波长的波形图来描述电磁波，从而使看不见的东西转化为直观的、容易理解的事物。

（一）课标要求

知道电磁波；知道电磁波在真空中的传播速度；知道波长、频率和波速；了解电磁波的应用及其对人类生活和社会发展的影响。

（二）主要知识点

（1）了解电话是怎样把信息传递到远方的，了解电话交换机的作用，了解模拟通信和数字通信的基本区别。

（2）了解电磁波的产生和传播，知道光是电磁波，知道电磁波在真空中的传播速度。

（3）知道波长、频率和波速的关系。

（4）了解无线电广播的大致工作过程，大致了解电视的工作过程，了解移动电话是怎样工作的。

（5）了解卫星通信、光纤通信、网络通信的基本原理。

（6）通过看录像、听教师讲解，了解电话是如何传递信息的。

（7）通过学生讨论，了解电话交换机的作用；通过学生活动，了解什么是数字通信。

（8）通过演示，了解电磁波的产生和传播。

（9）通过了解卫星通信、光纤通信、网络通信的知识，提高学生应用物理知识解决实际问题的能力。

（10）通过讲述贝尔发明电话的故事，激发学生不怕困难、积极探索的精神。

（11）通过学生讨论和其他学习活动，培养学生的学习主动性及合作意识。

（12）通过学习现代通信知识，了解科技为人类带来的便利，提高学生学习科学的兴趣。

（三）游戏化设计

项目	内容
游戏任务与使命设计	（1）制作网络信息安全手册，优秀的作品将会被印成小册子，赠送给全校同学。 （2）通过问卷调查，了解家长、教师和同学最常用的社交软件，列表对比，写成调查报告，向同学分享你的发现。
关卡与活动设计	（1）自制一台简易收音机，比较谁能收到更多的电台。 （2）模拟电话线路连接，尝试进行通话，并传递教师或同学指定的内容。
随机性	在模拟电话线路连接游戏中，可以由其他同学随机指定传递的内容。
趣味性	用自制收音机接收当地的电台。

二十二、《能源与可持续发展》的游戏化设计

课程标准的科学内容把初中物理教学内容分为"物质""运动和相互作用""能量"三大一级主题，本单元涉及其中的"能量"。"能量"主题在整个初中物理内容中占有重要的地位，贯穿于整个初中物理教材的始终，因此，"能量"是初中物理的重要知识点，也是中考必考的内容之一。能量与人类的生活密切相关，人类的生存和发展离不开能量，离不开能量的转化和转移。认识能源、了解能源、合理利用能源、发掘和开发新能源，将是人类长期而艰巨的任务。中学生是国家未来的希望，只有学好有关能源的知识，才能在合理利用能源、保护环境、开发新能源、造福后世等方面作出自己应有的贡献，进而

推动社会的可持续发展，推动人类文明的进步。

　　本单元是初中物理的最后一个单元，学生在前面已经学习了电能、内能、机械能，对能量已经有了一个初步的认识，大致了解了能量转移以及各种能量之间的相互转化，但对深层领域中能量的转移和转化还很陌生，理解起来也有一定困难，所以课程标准将这部分内容的要求定为初步了解的层次，只要学生在今后的实际生产和生活中具有能源开发的意识即可。因此，教师应注意结合生产和生活实际，引导学生认识能源及可持续发展的理念，关注人类的未来。

　　本单元内容包括 4 节。

　　第 1 节 "能源"：从能源在生活中不同方面的应用入手，让学生认识到生活中利用的能量都是由不同的能源提供的，以展示能源利用的广泛性。介绍人类利用能源的发展历程，让学生感受到人类文明的进步，领悟到人类利用能源的先进性，并由此引入一次能源、二次能源、化石能源等概念。要让学生学会判断能源的种类，知道不同种类的能源在不同方面的应用，增强对科学的热爱。通过对 21 世纪能源趋势的介绍，再结合学生自身生活实际，学生感受到能源并不是取之不尽、用之不竭的，从而加深他们对能源的认识，使之养成节约能源的习惯，树立开发新能源的愿望和决心。

　　第 2 节 "核能"：从原子和原子核的微观结构入手，介绍质子和中子相互结合或分开都会释放巨大的能量，从而引出核能的概念，之后指出获得核能的途径——裂变和聚变。目前，人类对核能的利用还处于一个初级阶段，核能的广泛利用将有望解决人类的能源问题，但如何广泛地利用核能是摆在我们面前的重要问题。

　　第 3 节 "太阳能"：首先阐述了太阳为什么会源源不断地向地球辐射能量以及太阳能的应用前景，其次简单介绍了地球上煤、石油、天然气储存的能量实质都源于太阳辐射的能量，最后介绍了目前人类利用太阳能的两种方法——一是利用集热器把水等物质加热，二是利用太阳能电池把太阳能转化为电能。人类在太阳能的利用方面已经取得了一定的进展，但广泛使用太阳能还是一个值得研究的课题，这激发了学生面向未来、迎接未来的挑战。

　　第 4 节 "能源与可持续发展"：介绍了能量的转移和转化是有方向性的，人类正是在能量的转化和转移过程中来利用能量的。自然界中有的能量能够为人类所利用，有的能量不能被人类所利用，还有的能量人类没有能力利用，强调要节能而不要浪费能源的重要性。最后阐述了能量与环境的关系，分析了能量的不合理使用带来的危害——温室效应、酸雨、空气污染，保护人类居住的环境刻不容缓，人类要发展离不开能源，能源利用不当又危害人类生存的环境，从而引出未来理想能源的特点：①能够大规模代替石油、煤炭和天然气；②储量必须足够丰富，且能长期使用；③足够便宜，保证大多数人能够用得起；④安全、清洁、无污染。这也为学生指出开发新能源的方向和目标。

教材通过"STS"栏目、展示图片等，让学生从中体会和感受能源利用的发展速度和已经取得的成就，让学生获得充足的感性认识。"想想议议""想想做做"等学生活动，让学生拓展思路，敢于提出和发表自己的见解，体验获得知识的快乐。通过本节的学习，学生能够获得许多前所未闻的知识，感受到人类的伟大，萌生对科学的崇敬之情，激发刻苦学习的信心和决心。学生经过前面的学习已经对能量有了初步的认识，知道了不同形式的能量之间的转化和同种形式的能量的转移，并且已经掌握了一定的学习方法。鉴于此，对本单元的教学可采取以下的方法：

（1）重视基本概念的教学。

本单元涉及的概念较多，有一次能源、二次能源、化石能源、核能、裂变和聚变等概念，要特别注重相似或相反概念的联系与区别，尽量通过举例，联系生活实际，分析不同概念的内涵与外延，以达到领会知识的目的。

（2）重视直观教学。

能源的开发与利用随处可见，但学生对这方面的深层次了解还很少，教学中宜通过展示图片、播放视频或音频、设计活动等方式提供有关能源的开发和利用的信息，增强学生学习的直观效果，拓宽学生视野，提高学生的学习兴趣。

（3）关注科学、技术、人文渗透。

能源的利用与科学技术的发展息息相关。例如，教材通过介绍从柴薪到煤炭再到石油的利用，展示了科学技术的发展与人类文明进步的关系；介绍太阳能与核能的利用，让学生感悟到科学技术的发展还远远落后于人们的需要；分析能源的利用及能量的转移和转化所遵循的规律，让学生感受到能源危机的存在，以及合理利用能源、开发新能源的必要性和重要意义，激发学生珍惜能源、保护环境、开发新能源、为人类谋福利的信心和决心。

（4）注重"从生活走向物理、从物理走向社会"。

能源与我们的生活息息相关，学习时可以充分利用教材中的"想想议议""想想做做""科学世界""演示""实验""STS"以及"动手动脑学物理"等栏目，鼓励学生多渠道获取信息，积极参与实践和探究活动，这不但有利于学生轻松地学习相关的知识，更多地了解物理与科学、技术、社会的关系，还有利于培养学生把物理知识应用于实际生活的习惯。

（5）注重多种教学方式相结合。

教学中，要根据不同知识的特点采用不同的教学方法。本单元知识内容的特点是与社会、科技联系紧密，要多关注学生的感性认识和生活经验，给学生提供丰富的材料，让学生从中感悟、领会知识的本质；同时，展开广泛的讨论和辩论活动，让学生学会分析和解决问题。

（一）　课标要求

（1）列举常见的不可再生能源和可再生能源。

（2）知道核能的特点和核能利用可能带来的问题。

（3）从能源开发与利用的角度体会可持续发展的重要性。

（二）　主要知识点

（1）初步了解人类利用能源的历程，知道什么是化石能源、一次能源与二次能源，能说出能源与人类生存和社会发展的关系；了解21世纪人类利用能源的趋势，感悟人类文明的进步。

（2）了解原子核的结构以及核能是怎样产生的，了解获得核能的两条重要途径；了解核能的优点和可能带来的问题。

（3）知道太阳能是一种清洁、无污染的新能源，了解直接利用太阳能的两种途径。

（4）知道不同形式的能量之间是可以转移和相互转化的；知道能量的转移和转化具有方向性；了解能源的利用对人类生存环境的影响，增强保护环境的意识。

（5）能够说出节能和开发新能源的意义。

（6）通过分析人类利用能源的历史和对能源的分类，学会分析问题、解决问题的方法，提高分析问题和解决问题的能力。

（7）通过"想想议议""想想做做"等活动，锻炼语言表达能力，形成独立思考、认真分析问题的好习惯，了解太阳能和核能两种重要的新能源，感悟获得知识的过程和方法。

（8）通过收集信息，了解开发利用新能源的途径，从中体会收集信息的方法。

（9）通过联系生活实际，体会各种不同形式能量之间的相互转化，以及能量转移和转化的方向性，增强节能意识。

（10）结合生活实例，感悟能源危机的存在和开发利用新能源的重要意义，从中锻炼分析和解决问题的能力。

（11）通过分析我国利用能源的历史，感悟社会文明的进步，增强爱国意识与民族自豪感。

（12）通过分析能源危机的存在，具有能源危机感，培养节约能源的意识。

（13）通过开展节约能源、开发新能源的教育，形成可持续地开发利用能源的意识。

（14）通过了解人类利用新能源的途径，特别是对太阳能和核能的利用和不足，感悟科学技术的进步，激发学生刻苦学习以及为科学和社会的发展作贡献的动力。

（三）游戏化设计

项目	内容
游戏任务与使命设计	了解你的学校宿舍所用的太阳能热水器的各个技术参数，选取某两天，估算其是否可以满足需求，并与实际进行对比。根据对比结果，向学校提出你的建议。
关卡与活动设计	（1）自制太阳能风车、风能发电机、温差发电装置、自制手摇发电机（选择其中一项），向同学进行展示，说明其原理。 （2）用声控、光控、温控传感器进行创意电路设计，向同学进行展示，说明其原理。 （3）关于核能的利弊及安全性，世界上有不同的声音，请你收集正反两面的意见，用表格进行对比，并提出你的见解，与同学分享。 （4）以"2035 我在月球等你"为题，写一篇科幻文章，畅享未来你在月球的生活场景，分小组表演其中的一个生活场景。
随机性	表演月球生活场景时，可以由其他小组或同学指定要表演的场景。
趣味性	使用多种传感器制作创意电路，可以有许多变化，做出许多有趣的作品。

附　录

双减背景下初中物理作业现状调查报告
——基于广东省 Z 市的抽样调查

一、调查概况

我们以"双减背景下初中物理作业现状调查（教师）""双减背景下初中物理作业现状调查（学生）"为工具，通过问卷星网络问卷，从初中物理学生作业设计、质量、形式、内容、负担现状等方面，抽样 Z 市的部分初中学生、教师进行调查。自 2022 年 10 月 19 日至 11 月 30 日，本次调查共收到有效学生问卷 1053 份、教师问卷 177 份，调查对象分别分布在 Z 市的 24 个镇街和部分直属学校。总体而言，本次调查问卷虽然数量不大，但抽样覆盖了 Z 市各个镇街的公、民办学校的各个年级，是比较有代表性的。

二、调查结果分析

下面从学生作业负担、作业质量、作业形式、作业批改、作业应如何改革等方面，对本次调查的结果进行梳理与分析。

（一）作业负担

作业负担现状：有 56% 的学生、62% 的教师认为每天的作业量在 20 分钟以内；有 33% 的学生、33% 的教师认为可以在 21～30 分钟内完成作业。可见，教师布置作业时控制得较好，预设的时间与学生实际完成的时间基本一致。94% 的教师和 96% 的学生认为每天可以按时完成作业，其中 88% 的学生可以在校内完成作业，说明作业负担总体上比较合理。

作业负担预期：有66%的学生、69%的教师认为每天的作业应控制在20分钟以内；有29%的学生、28%的教师认为应当控制在21~30分钟；5%的学生和3%的教师认为要超过30分钟。教师与学生的观点基本一致。

（二）作业质量

90%的学生和91%的教师认为Z市初中物理作业对学生的帮助很大，说明作业的质量相当好。其中，在细分功能上，教师认为作用较大的选项是巩固知识（97%）、诊断教学（77%）、拓展知识（66%）、发展思维（62%）、培养习惯（58%）；学生认为作用较大的选项是巩固知识（95%）、拓展知识（86%）、诊断学习（83%）、探索未知（57%）。

在对教师进行的作业质量调查中，22%的教师认为质量较高，73%的教师认为质量一般，另外5%的教师认为完成质量很差。从这个角度来看，作业完成的质量还有待提高。

有意思的是，对于不能按时完成作业的原因，学生认为最重要的原因是作业太难（57%），而教师则认为最重要的原因是学生不想做（71%），教师与学生的归因不一致，这是需要我们思考的问题。

学生喜欢什么样的作业？教师和学生的排序大致相同，其中教师的排序是有趣味性的、容易完成的、针对性强的、可以自行选择的、具有挑战性的、动手操作的（见表1）；学生的排序是有趣味性的、针对性强的、具有挑战性的、容易完成的、动手操作的、可以自行选择的（见表2）。从中我们可以发现两个有趣的现象，对于学生来说，是否可选择，并不重要，但教师不这样认为；同样，教师认为学生喜欢容易完成的作业，但学生却认为有挑战性的作业更受欢迎。我们需要更加深入地了解学生，才能够更加科学地布置作业。

表1　教师认为学生喜欢的作业

选项	小计	比例
有趣味性的	136	76.84%
针对性强的	87	49.15%
容易完成的	113	63.84%
具有挑战性的	47	26.55%

（续上表）

选项	小计	比例
动手操作的	44	24.86%
可以自行选择的	66	37.29%
本题有效填写人次	177	

表2　学生喜欢的作业

选项	小计	比例
有趣味性的	840	79.77%
针对性强的	719	68.28%
容易完成的	453	43.02%
具有挑战性的	540	51.28%
动手操作的	305	28.96%
可以自行选择的	207	19.66%
本题有效填写人次	1053	

（三）作业形式

在作业形式方面（见表3），教师布置最多的是书面作业，有99%的教师经常布置，而经常布置课外实验、课外制作的教师不足30%。其中，6%的教师表示经常布置背诵与默写作业。作为"双减"落地后的一大特色，预习性作业受到重视，51%的教师表示他们经常布置这一类的作业。学生问卷调查的结果与教师基本一致，但表示经常要做背诵与默写作业的学生高达29%，远远高于教师的6%，可见教师布置的书面作业中，相当一部分作业的思维含量不足，仅需要背诵或默写就可以完成，这是需要我们改进的地方。

一个令人意外的点是，34%的教师表示他们布置的作业几乎都是分层布置的，但持同样观点的学生只有14%。只有不到7%的教师表示作业完全没有分层，但59%的学生选择了同样的选项。可见，教师在分层布置作业的时候，要求不够具体，学生并不理解。

更加令人意外的是，62%的教师认为应该分层布置作业，但是89%的学生不希望分层布置，他们更加期待统一布置的作业。这从另一个侧面反映出分层布置的作业质量不高，未能够有效帮助每个层次的学生。

　　为了了解项目式作业的情况，我们专门设置了相关的问题。接近50%的教师表示从未布置过类似的作业。这是我们基地作业研究小组重点攻坚的项目，目前看来需要做的工作还比较多。

表3　教师布置实践型作业的类型

选项	小计	比例
跨学科作业	43	24.29%
项目式作业	24	13.56%
STEM 或 STEAM 作业	21	11.86%
现象学习作业	33	18.64%
研究性学习作业	36	20.34%
论文写作	11	6.21%
没有布置过上述作业	88	49.72%
本题有效填写人次	177	

　　书面作业是最常见的作业形式，具体什么样的题型更加有利于教与学，我们设置了一个问题进行调查。调查结果显示，教师认为填空题最有利于诊断教学，其次是实验题和计算题；但学生给出的答案完全不一样，他们认为开放性的综合能力题对他们帮助最大，其次是选择题、计算题，而教师青睐的填空题在常见题型中排名倒数第一。我们基地倡导创造性作业的理念，建议教师设计更多基于实际问题的开放性问题，这与学生需求是一致的。

　　在作业的载体方面，教师喜欢布置的形式由多到少依次是练习册、试卷、家庭小实验、小制作、预习课文、思维导图；学生喜欢的作业形式由多到少依次是练习册、试卷、预习课文、家庭小制作、思维导图，二者的排序非常类似，其中的因果关系有待进一步的研究。

（四）作业批改

　　在作业批改方面，虽然更多的情况下教师会统一批改作业，但有40%的教师表示会经常对学生进行面批面改，这是"双减"政策之后，学生在校完成作业、教师利用课后服务时间下班辅导的常见做法，预计会有助于学生的个性化学习。

　　需要注意的是，78%的学生表示喜欢教师统一批改，相比面批面改而言，学生甚至更加喜欢自批自改。可见，教师的面批面改会给学生造成一定的压力，这是需要我们引起注意的。

在作业的反馈形式方面，教师使用最多的作业反馈包括（由多到少）：等级、分数、评语、优秀作业展示、加/扣分、奖品、补充练习。

学生完成作业以后是否会订正？83%的教师认为他们的学生一般都会在评讲完作业之后订正，96%的学生也表达了同样的观点。

什么样的评讲方式更好？教师和学生的观点比较接近。对于教师来说，他们认为最好的作业评讲方式前三个依次是选重点难点讲、组织学生互相讨论、展示优秀作业，学生选出来的前三个是选重点难点讲、认真评讲全部试题、组织学生互相讨论。其中，选择"展示优秀作业"这一选项的学生，甚至要少于选择"公布答案让学生自己核对"的学生，可见教师不能一厢情愿地想问题。

（五）作业应如何改革？

为了了解教师和学生对作业改革的意见，我们设置了几个相关的问题。以下是教师给出的调查结果（见表4）：

表4　作业改革的方向

选项	小计	比例
减少作业量	95	53.67%
降低作业难度	92	51.98%
增加面对面辅导作业	44	24.86%
尽量让学生在学校完成作业	125	70.62%
多布置分层作业	110	62.15%
多布置实践性作业	64	36.16%
多布置预习性作业	33	18.64%
不需要进行改进	1	0.56%
本题有效填写人次	177	

需要注意的是，教师认为要多布置分层作业，但前面我们已经看到，学生并不认为分层布置作业会更好；教师认为面对面辅导作业对学生更有帮助，但学生的意见却有些出入；教师认为应降低作业难度，但学生却更喜欢有挑战性

的作业。从作业设计的角度来说，上述措施都是值得提倡的，但如何落实，却仍需我们进行深入研究。

三、思考与建议

从调查结果来看，Z市初中物理作业负担基本符合"双减"政策的要求，学生对作业的满意度也比较高，但作业的质量仍有待提高。在形式上基本以书面作业、习题操练为主，以解决实际问题为主的跨学科实践性作业比较缺乏，在功能上立足于巩固知识、诊断学习为主，对于培养学生思维、发展学生能力做得不够。这些都需要我们进一步深入研究。

我们认为，归根结底，上述问题的原因是教师对于作业的设计缺乏必要的理论指导和工具支持。我们需要在"双减"背景下，基于核心素养目标，系统地提出初中物理作业设计的理念、原则、方法程序，研制新颖实用的物理作业库及其使用办法，提供物理作业解决的具体方案和示例，形成教学闭环，促进学生的主动探究、自主学习，促使"解题"向"解决问题"转化，提高学生的核心素养。

参考文献

［1］ CHAN K, WAN K & KING V. Performance over enjoyment? Effect of game-based learning on learning outcome and flow experience ［J］. Frontiers in education, 2021.

［2］ VANKÚŠ P. Influence of game-based learning in mathematics education on students' affective domain: a systematic review ［J］. Mathematics, 2021, 9 (9).

［3］ POWERS F E, MOORE R L. When failure is an option: a scoping review of failure states in game-based learning ［J］. Techtrends, 2021 (65).

［4］ ELTAHIR M E, ALSALHI N R, Al-QATAWNEH S, et al. The impact of game-based learning (GBL) on students' motivation, engagement and academic performance on an Arabic language grammar course in higher education ［J］. Education and information technologies, 2021 (26).

［5］ MOON J, KE F. Exploring the relationships among middle school students' peer interactions, task efficiency, and learning engagement in game-based learning ［J］. Simulation & gaming, 2020, 51 (3).

［6］ RITTEY C D. Learning difficulties: what the neurologist needs to know ［J］. Journal of neurology, neurosurgery & psychiatry, 2003 (74).

［7］ 陈辰. 基于核心素养下的上海物理学困生课下干预方法研究 ［D］. 上海：华东师范大学, 2020.

［8］ 马开剑, 王光明, 方芳, 等. "双减"政策下的教育理念与教育生态变革（笔谈）［J］. 天津师范大学学报（社会科学版）, 2021 (6).

［9］ 徐亚红. 班级社会学视角下的学困生矫正路径 ［J］. 河南教育（教师教育）, 2021 (11).

［10］ 周丽媛. 初中化学教学中实施游戏化教学的实践研究 ［J］. 智力, 2021 (15).

［11］ 陈平. 分层设计　异步推进　增强自我效能感：从自我效能感视阈

谈初中物理分层活动单教学［J］.物理教师（教学研究版），2012，33（7）.

［12］刘世豪.教育游戏化黏性分析［J］.软件导刊，2019，18（11）.

［13］牛建平.谈初中物理学困生的转化［J］.甘肃教育，2020（20）.

［14］杨志英.谈谈初中物理"学困生"的形成根源及帮扶策略［J］.山西师范大学学报（自然科学版），2010，24（S2）.

［15］侯兰.学习科学视角下中小学游戏化教学的设计原则［J］.北京教育（普教版），2021（5）.

［16］张明蓉，赵洁琴，耿毅博，等.游戏化教学对小学生心理健康、成就动机的影响［J］.中小学心理健康教育，2020（36）.

［17］方嵘.游戏化教学法，让学生高效学习［J］.河南教育（教师教育），2021（11）.

［18］胡晓玲，赵凌霞，李丹，等.游戏化教学有效性的系统评价与元分析［J］.开放教育研究，2021，27（2）.

［19］贺宝勋，张立国，庄科君.游戏化评价对大学生在线学习倦怠及学习成绩的影响研究［J］.电化教育研究，2021，42（3）.

［20］朱钊.初中数学学困生元认知训练的个案研究［D］.上海：上海师范大学，2021.

后　记

　　《玩以致用——初中物理教与学的游戏化设计》这本书让我深感写作的艰辛与不易。本以为只是工作的简单小结，却不想过程如此艰难。但是，正是这种挑战，让我更加珍惜这段宝贵的经历。

　　物理教师都有一种天生的好奇心，对各种新奇事物特别感兴趣，对教育前沿思想接收快、应用快，做各种教育教学改革工作也特别积极，这是我们物理教师的长处。

　　2015年起我从教育主管部门回到学校，对翻转课堂产生了浓厚的兴趣，于是开始听讲座、做准备，搜集整理了大量的微课，自己也做了一些微课设计，就开始尝试着做了起来。做了不到一个学期，问题就出现了。学生在翻转课堂中，学习的主要载体是看视频、做练习，脱离了对物理现象、物理过程的观察、实验、探究等具身体验，这种学习，显然是背离了物理教育的正道了。一方面视频与文本无法给学生直观的感受，学生没有通过动手实践和探究来学习物理规律，无异于一种换汤不换药的接受式学习，学习效果不佳，学生在机械记忆之外的收获不多，学科素养的培养更是付之阙如；另一方面这种学习方式过于枯燥乏味，长此以往学生将失去对物理学习的兴趣，更遑论如果每个学科都这样做，学生一天要看多少视频，视力肯定会大幅下降，加上手机上各种游戏、视频的诱惑实在太大，学生恐怕也很难专注于学习。我当时想，物理实验的缺位是关键。但由于学生的学习发生在课前，他们无法把实验仪器带回家，因此难以落实实验探究活动。

　　正是基于上述认识，我在加强实验教学、组织学生通过小组合作开展课堂实验探究的基础上，开展了初中物理课前小实验的探索，帮助学生在自主学习过程中，激发对物理学习的兴趣，加深学生对物理现象和物理规律的理解，起到了良好的效果。

　　课前小实验，指的是学生在课前自主学习阶段，借用生活中常见的物品，观察物理现象、探究物理规律的小实验。与课堂上进行的分组探究实验相比，这些小实验具有以下特点：一是器材取自生活，不使用专门的实验仪器；二是实验现象简单，规律明显；三是由学生自主或在家人协助下完成；四是实验探究过程比较简单，不要求严谨有序、按部就班的探究步骤，不要求撰写完整的实验报告；五是结合学生的自主学习，在学习任务单的引导下完成。课前小实验主要是为学生自主学习服务的，是为克服视频与文本学习材料的不足而设的，简单快捷，效果明显。如表1所示：

表1　初中物理课前小实验范例

单元名称	内容	课前小实验
第一单元 机械运动	第1节　长度和时间的测量	（1）使用刻度尺测量手机的长、宽、厚。 （2）使用时钟测量自己做作业的时间；使用手机上的秒表测量你写自己的名字所需要的最短时间。
	第2节　运动的描述	将一个橡皮擦（或其他物品）放在物理课本上，用手推着课本在书桌上运动，观察：相对于课本，橡皮擦是运动还是静止？相对于桌面呢？
	第3节　运动的快慢	用两种方法比较一辆玩具小车与自己步行运动的快慢。
	第4节　测量平均速度	测量自己骑车回家的平均速度。
第二单元 声现象	第1节　声音的产生与传播	（1）一边说话，一边用手轻触声带部位，感受声带的振动。 （2）用保鲜袋将正在发声的手机或闹钟密封好，放进水里，观察能否听到声音。
	第2节　声音的特性	（1）用钢尺（或钢锯等）探究声音的音调与频率、响度与振幅的关系；比较不同物体发声的音色。 （2）用筷子敲击装有不等水量的几个瓷碗（或玻璃杯），比较音调与装水量的关系。
	第3节　声的利用	用一端开口、另一端开有小孔的纸箱，相隔2米对着点燃的蜡烛，用力敲击箱体，直到把蜡烛熄灭。
	第4节　噪声的危害和控制	让一个闹钟（或手机）发出闹铃声，分别尝试在声源处、传播途中和人耳处减弱噪声。

　　结合学生的自主学习任务单，引导学生通过完成课前小实验，帮助学生理解知识，掌握规律。在设计学习任务单时，要做到引导清晰、简明扼要，对实验注意事项（尤其是对实验安全事项）要陈述清楚。

　　自主学习任务单（实验部分）如表 2 所示：

表 2　自主学习任务单（实验部分）范例

学习主题	噪声的危害和控制	
学习目标	略	学习笔记
自学引导	（1）认真阅读教材第 43～45 页，按学校要求做好标记和笔记。 （2）课前小实验：让一个闹钟（或手机）发出闹铃声，分别尝试通过下列途径减弱噪声，请写下你的方法： ①在声源处：_____； ②在传播途中：_____； ③在人耳处：_____。 思考：假设附近广场舞的噪声干扰了你的学习，你可以通过什么方法来减弱噪声？（请结合实验，与同学讨论你的做法） …………	
自我检测	略	
互助交流	略	
合作展示	略	
释疑拓展	略	
知识归纳	略	
参考答案	略	

　　增加了课前小实验之后，教学效果非常好，那几年学生的学习成绩在学校、在街道内乃至在全市，都属于非常好的。但是 2019 年之后，这一招又不灵了。

　　从这一年开始，学校的生源发生了巨大的变化，全街道积分入学的学生中，除了考前 100 名左右的学生到街道城区的学校就读以外，其他将近 300 名学生都分配到了我们学校。课前小实验遇到了困难。因为这些积分入学的孩子家长多数都是普通工人，工作日加班不说，周末都经常要加班，学生在家没有家长的监管和指导，课前实验很难落实下去。2021 年 7 月，"双减"政策落地，学生在学校参加校内课后服务，晚自习到 8：30 才放学，这下子课前小实验更难了。

2021 年暑假，我看了六本关于教学游戏化的书，深受启发，决定试一试，用游戏化教学，看看能不能解决我遇到的难题。没想到效果相当好，于是我趁热打铁，在 2022 年以"基于游戏化学习的初中物理学困生转化策略研究"为题，申报了广东省"强师工程"课题，被批准立项。再经过一段时间的尝试，才有了本书的问世。

游戏化学习并非简单地在教学环节中引入游戏，而是将游戏化思维巧妙地融入教与学，通过引导学生主动参与、自主探究，激发他们的学习兴趣与热情。实施难度其实相当大，不好做，有许多问题还没有想清楚，有许多工作还没有做到位。这本书的写作，正好给了我一个机会，让我可以静下心来，仔细地回顾走过的这一段历程，好好地做一个总结，也为下一步的工作理清了思路。

感谢广东省中小学"百千万人才培养工程"初中理科名教师培养项目组的精心策划，感谢广东第二师范学院的精心培养，熊院长、于院长以及各位教授们严谨治学的态度与精益求精的匠心，让我勇敢地走出舒适区，去迎接更多的挑战。

感谢我的导师们："百千万人才培养工程"的张恩德老师、张晓红老师、陈宝莲老师，以及领我入门、始终关心帮助我、对我厚爱有加的何晋中老师、乐水仙老师、朱小青老师，他们的帮助令我非常感动。我常常跟人说，遇到这些导师，是我这辈子莫大的幸运。他们的指导、建议与鼓励，让我少走了许多弯路。他们的耐心教导，帮助我在面对困难时保持积极心态，从而找到最佳解决方案。

感谢我的班主任李晓娟博士、何倩老师，感谢她们对我的耐心和关心。每次看到她们，就像冬日里看到了暖阳，心里暖烘烘的。感谢我的学生们，尤其是物理小组和中山小分队，我从他们身上看到了激情，看到了力量。

本书的出版，是我对初中物理教学理论与实践探索的一次总结。在写作过程中，我深感自己的不足之处。但正是这种不足，激发了我继续深入学习与研究物理学的热情。在未来的日子里，我会继续努力提升自己的教学水平与专业素养。

同时，我也期待本书能够对初中物理教师提供一些实质性的帮助。通过书中介绍的游戏化教学方式，希望能够激发大家的教学灵感与创意，从而有效地提升学生的学习效果与能力。我更希望本书能够激发出读者内心深处对知识的渴求与热爱。

每个人都是一个独特的个体，有着自己独特的思维与理解方式。游戏化教学的迷人之处，就是它的自主选择性。我们可以自主选择游戏、选择角色、选择装备，我们会对自己的选择负责。每一个阅读本书的人，也一定会做出自己的选择。

不管怎么样，带着使命感，不论前面是高山还是深渊，做就是了。这就是游戏化的精髓，也是物理教师的标签。

特以此共勉。

邱慎明

2024 年 4 月